JN064918

気になる隣の
SOLOCAMP
ソロキャンプ

こだわりのギアを並べ、焚き火が爆ぜる音を聞き、
お気に入りのメニューを食べながら、木々や星空を眺める。
一人だからこその特別な時間……。
十人十色、唯一無二、達人たちのとっておきのソロライフを、
あなたものぞいてみませんか？

CONTENTS

気になるあの人の
ソロキャンプを
のぞいてみよう

SNSや動画サイトなどで活動している
ソロキャンパーさんたちの
キャンプライフを写真とともにお届けします。
まねしたくなるアイデアがもりだくさんです。

キャンプ歴30年以上。
自然と向き合い、人間性を磨く
「ソロキャンプ道」を究める

SOLO CAMP 01 Ochan さん

学生時代からソロキャンプを
こよなく愛する50代の熟練
キャンパー。自身の体験をつ
づったブログは初心者にやさ
しく、明日からすぐ行きたく
なるノウハウが満載。

DATA

キャンプ歴：33年

メインキャンプ地：
岐阜県内の無料キャンプ場、野営地

移動手段：自動車

頻度：年間40泊ほど

Instagram：@ochan_jb64

Blog：「おっさんソロキャンプ道」
(https://solocamp-do.com)

キャンプスタイル

無料キャンプ場や野営地などを利用し、
車を使って移動することで、荷物の量や
時間を気にすることなく、お金をかけな
いキャンプを楽しむ。「週末のキャンプ
で癒やされ、次の週末キャンプまでの気
力を充電する」がモットー。

ソロキャンプをはじめたきっかけ

大学時代にツーリングが趣味で、宿泊代節約のためキャンプをはじ
める。初のソロキャンは北海道。ともに旅する予定だった友人が直
前にキャンセルしたおかげ（!?）でソロキャンプの魅力に開眼。

♯ Ochan流レイアウト6か条

サイトは
景色のいい場所を選ぶ

キャンプには"癒やし"を求めているので、どんな場所に泊まっても、眺めが最高のロケーションにテントサイトを設営。ただしどんなにすばらしい眺望が得られそうでも、雨が降った時にテントへの浸水を避けたいので、水はけの悪い場所は必ず避ける。

風向きと太陽位置など
季節に合わせてテントを配置

風の強い時はテントの出入り口を風下に配置して風の進入を防ぎ、逆に夏の暑い日は出入り口を風上に向けて風が通るようにセッティング。また、夏場は木陰などの日光が当たりにくい場所を、冬場は日当たりがよい場所を選んでいる。

盗難防止にギアは
テント内にすべて格納

サイトを離れると無人になるのがソロキャンプの泣きどころ。そのため大事なギアはすべてテント内にレイアウトする。ある程度の広さが必要になるため、テントはシェルターか2ルームタイプに。サイトを離れる時は、入り口のファスナーを締めるのも厳守。

"秘密基地感"のある
ほどよい大きさのテントを探す

「秘密基地を作って遊ぶのが楽しいのは大人も子どもも同じ」と Ochan さん。イスに座ったままでも大好きなギアに手が届くようテント内にまとめることが快適な基地の条件。大きすぎず、小さすぎないサイズのテントを選びたい。

生活感の出るアイテムは
さりげなく隠す

ティッシュペーパーの箱やゴミ袋などが外から丸見えになると、どれだけお気に入りのギアを並べても生活感が漂ってサイトの雰囲気が半減。ゴミ箱は折りたたみのトラッシュボックスで隠すのが Ochan さん流。

一番の楽しみは夜。
照明にとことんこだわる

すべてのギアを配置した後、照明のレイアウトを考える。暖色系の LED ランタンやオイルランタンをテント内や外に設置。目線より上に吊ると光が効果的に広がり、食事や作業をするための最適な明かりに。暗めの照明を足もとに置くとムーディーに。

13

♯知恵がつまったベテランのワザ

寝床の友に
ポップアップメッシュシェルター

夏場のタープや冬場のシェルターテントで過ごす夜は、コットの上に2秒で組み立て可能なポップアップメッシュシェルターをオン。冬の間でも活動するムカデなどの害虫や動物からガードでき、ぐっすり安眠できる。

ギアを浸水からガードする
"底上げ"テク

ギアは、ユニフレーム製のフィールドラックなどで地面より高い場所に置いて"底上げ"するのがコツ。泥よけはもちろん、悪天候などでテント内が浸水した時に大事なギアを水没させずにすむ。

LEDランタンは
ポータブル電源から給電

今やキャンプでは主流となったLEDランタンは、複数使うとバッテリーの充電作業が面倒。Ochanさんが愛用するのは、ポータブル電源からUSBケーブル経由で給電できるLEDランタン。充電はポータブル電源のみなので手間いらず。

焚き火の着火に便利な「ファットウッド」

ファットウッドとは松ヤニが詰まった松の木の枝で、焚き火の着火剤に最適。Ochan さんは山でのソロキャンプ中に松の倒木から採取したものを使用している。ただし採取する時は、キャンプ地の管理者に必ず許可を得よう。

アウトドアで抹茶を味わう「野点※」のススメ

アウトドアで抹茶をいただくには、野点茶碗、茶筅、茶杓、そして抹茶があれば OK。Ochan さんは、サイトの撤収前など気合いを入れる時によく飲んでいるのだとか。野点茶碗は、地元の陶器市でお気に入りを見つけて購入。

※屋外で楽しむ茶会のこと。

Episode ブログ「おっさんソロキャンプ道」の立ち上げを語る

「ソロキャンプをはじめたいけれど、何から手をつけていいかわからない」という初心者に向けて 2015 年に立ち上げました。今はたくさんの情報がインターネット上にあふれていますが、商品紹介に偏りがちで、実践的な情報が少ない気がします。私のブログでは自分が実際に楽しむようすや愛用品の使い勝手をリアルに伝えています。ブログ名の「ソロキャンプ道」とは柔道、書道などと同様、ソロキャンプで切磋琢磨しながら人間性を高めることを目標として命名しました。

♯ベテランキャンパー厳選ギア ベスト5

夏でも冬でも大活躍。
DOD『ソロソウルウォウウォウ』

※ポリエステルと綿を混ぜて織った素材。

見た目以上にスペースを有効に使える4ポールシェルター型テント。遮光性が高いTC素材※で、フロントとバックの2面がフルオープンになるため風通しがよく、過酷な夏キャンプでも乗りきれる。TC素材は比較的火の粉で穴が空きにくいので、フロント近くで焚き火ができるのも魅力。

テントの穴開き回避に。
DOD『めちゃもえファイヤー』

煙がほとんど発生しない2段燃焼機構の焚き火台。細長い箱型で薪がそのまま入る。燃焼室が深いため、薪が爆ぜても火の粉が真上にしか飛ばず、人やテントに向かって飛んでくる可能性が少なくて安心。Ochanさんは『ソロソウルウォウウォウ』とセットで愛用。

デザイン性を備えた小型コンロ
イワタニ『タフまる Jr.』

キャンプ用のバーナーの中で一番使いやすく洗
練されているのが、家庭用のカセットコンロタ
イプという Ochan さん。生活感が出ないミリ
タリーチックなカラー、ソロキャンプ向きの小
型タイプでとても使いやすい。

ソロキャン仕様の中華鍋
ユニフレーム『キャンプ中華鍋』

中華鍋は炒める、煮る、焼くと多機能に使える
調理器具。直径 17cm と通常より一回り小さい
サイズで一人用の料理に最適。「この中華鍋を
使っているとキャンプならではの非日常が感じ
られて気分が盛り上がる！」と Ochan さん。

失敗知らずの炊飯窯釜
HARIO『フタがガラスのご飯釜』

キャンプ用に作られたものではないが、アウト
ドアで失敗せずにおいしいごはんが炊ける優れ
もの。最初に強火で炊いて、ガラス製のフタの
頂上から蒸気が噴き出したら釜を火から下ろし、
しばらく蒸らすだけで OK。

Nature

自然に触れる過ごし方

一眼レフを片手に
野鳥、昆虫、植物の観察

天気のよい時は一眼レフカメラを片手に自然観察。キャンプ人気が高まり、予約が取りにくくなったことから仕方なく野営をはじめたが、そのような場所は野鳥の密度が高く、より観察を楽しめる環境に喜びを感じているという。

注目したい生き物たち

カワガラス

色は黒っぽく体長は 20cm ほど。見た目のせいか、カラスの仲間ではないのにカワガラスという名前に。「冬場の色どりの少ない景色のなかで、冷たい川に潜ってエサをとる姿や、ほかのカワガラスとなわ張り争いをする健気な姿を見ていると勇気がもらえます」と Ochan さん。

シオヤアブ

スズメバチやカマキリ、オニヤンマなどの大型肉食昆虫さえも襲って食べる昆虫界最強の捕食者。だが、人間を噛むことはない無害のアブで、キャンプ場で見かけても怖がる必要はない。獲物の背後からがっちり抱きついて、鋭い口先で一撃するハンティングに魅了される。

Ochanさんの
ソロキャンプ道 五訓

1 備えるべし

出発前に天候と交通手段を確認し、それに合わせた服装と寝具を決める。食料や薪を購入する店のチェックも忘れずに。用意周到な準備は、キャンプだけでなく実社会でも役立つ！

2 身を守るべし

ナイフでのケガから水難事故まで、キャンプでは常に危険と隣合わせ。小さな危険を体感することで危険予知や応急処置が身につき、自分のみならず他人を守れる技も磨かれる。

3 大自然の真の美を感じろ

キャンプは自然の美しさや力強さを身近に感じられる絶好の機会だ。自らの五感を研ぎすまし、感じる力を磨こう。大自然の真の美しさや神秘を感じる力があれば、孤独とは無縁だ。

4 贅沢をするな

いつも欲しいものがそこにあるのが当たり前の日常とは逆に、キャンプは不便を楽しむもの。むだ使いをせず、ものが無くても創意工夫で乗り越える知恵をつけよう。

5 思いやりを大切に

ソロでも「思いやり」は重要。気持ちよくキャンプをするための第一歩は、他人に迷惑をかけないこと。一人でもほかの人の気持ちを考えて行動するように心がけたい。

仕事終わりの金曜日は、
気の合う仲間と焚き火を囲む
「大人の週末部活動」

SOLO CAMP 02 Hitoc さん

全曜の夜に集まる、新しいソログ
ルスタイル「FRIDAY CAMP」の
仕掛け人。デザイナーという職業
ならではのギアチョイスやレイア
ウトセンスが光る。Instagram で
はその数々を見ることができる。

DATA

キャンプ歴：5 年

メインキャンプ場：関東圏

移動手段：自動車 (Jeep Cherokee KK37)

キャンプの頻度：月に 1 〜 2 回

Instagram: @2z_bace

キャンプスタイル

キャンプ地、天候、季節や景観に合わせ
てテントやギアを選び、色数を抑えた統
一感のあるサイト構成を考える。最近は
手軽さを意識し、ソロテント＋αですむ
よう軽量化を進めて試行錯誤中。

ソロキャンプをはじめたきっかけ

ON・OFF の切り替えができる一人の時間を作るためにソロキャン
プへ。当初は夫婦でのデュオが多かったが、妻の妊娠をきっかけに
単独で出かけることが増え、ソロ活動が加速。

Layout of camp

Hitoc テントコレクション

複数所有するテントに合わせて サイト構成を考える至福の時

異なるタイプのテントを複数所有し、サイトを常に新しいレイアウトで楽しんでいる。毎回、サイト構成についての課題は残るが、「次回はこのテントとこのイスを組み合わせる」「荷物を減らして簡略化しよう」など、キャンプ外で構想を練る時間が案外楽しいのだとか。

テント／プレテント『Lightrock』
タープ／ WINDY AND RAINY
『スターライトタープ』

軽量ギアでコンパクトにサイト構成したい時に。
見た目がシンプルなため、自ずと合わせるギアも
シンプルになる。

シェルター／
プレテント『Bealock』

軽量かつさわやかな色合いは、夏場の日除けやデ
イキャンプに最適。 ポール使いであらゆる形に
アレンジできるので試行錯誤する楽しみがある。

シェルター／
Helinox『V-Tarp』

冬場は薪ストーブなどを設置して快適に過ごせる
ようにスカートのある大型シェルターをチョイス。
幕内はかなり広いので、ソロだと持て余すかも？

テント／
MSR『バックカントリーバーン』

冬場のおこもり用のサイト構成。幕内にはコット、
テーブル、イスを置いても余裕があるため、ゆっ
たり過ごしたい時に使用。

#デザイナーHitocの愛用品

渋めのデザインと、
機能性に優れた山岳用テント

一番のお気に入りは、ギアにハマるきっかけになったヒルバーグの『スタイカ』。見た目の渋さだけでなく、さまざまな天候に対応する山岳用ならではの高い機能性、設営の簡易さ、サイズ感などどれをとっても◎。

デイキャンプなどに重宝。
サクッと焚き火ができる

お気に入りの焚き火台の一つが、軽量タイプの MANIKA『TAKIBI-LIGHT-SP』。収納袋を含め総重量700g、組み立てもかんたんで収納袋から出してすぐに火起こしできる。デイキャンプや遅いチェックイン時に最適。

アイアンの男らしさと
スタイリッシュさを兼ね揃える

直火で豪快な焚き火をしたい時には、Gravity Equipment の焚き火台『Octagon』をチョイス。八角形のプレート、五徳の鋭角な感じなど、アイアンを活かした男らしい風格と造形美にひと目惚れ。

#クリエイターとのオリジナルコラボギア

ガレージブランドの職人が制作。
技術とクオリティーは一級品！

「FRIDAY CAMP」を通して出会ったプロのクリエイターとのコラボギア。焚き火台に装着し、五徳として使えるロゴ入りの天板や、人気ブランド・YETI ロードアウトのバケツに装着できるアクリル天板、黒アルマイト製のカップなど、機能性とデザイン性を兼ね備えたギアがそろう。

My favorite 「FRIDAY CAMP」を語る

その名の通り、「金曜の仕事終わりに集まるキャンプ」です。予定が合えばフラッと集まる"居酒屋のソト版"と言ったところでしょうか。初対面でのグループキャンプはハードルが高いですが、「飲みに行きましょう！」という誘いなら気軽に参加できますよね。泊まらず顔を出すだけでも OK というのが魅力で、土日は家族サービスにあてる方もいれば、新たなキャンプに出かける方もいるフリースタイルな空間なんです。

#モットーは「何もしない」

「暇だな〜」と感じる極上のひと時

Hitoc さんのお気に入りの過ごし方は「何もしないこと」。キャンプ地を散歩したり、火を見ながらボーっとしたり、腹が減ったら食べるというように、日々の生活とは真逆の欲望のままに時間を過ごす。ひと通りやって「暇だな〜」と実感できる瞬間が最高だとか。

1日の何気ない風景を記録に残す

1日の経過を撮影するのも楽しみ方の一つ。一眼レフカメラのほか iPhone も活用。

#料理が苦手でもおいしいキャンプ飯

カップラーメンを
焚き火のともに

「料理は正直、苦手です（笑）」と話す Hitoc さん。苦手ならば無理をせず、調理がかんたんかつ、「外で食べれば何でもうまい」と割り切り、キャンプ飯はインスタント食品をメインにしている。なかでも必ず荷物に加えるのがカップ麺。料理が苦手な人の頼もしい味方だ。

冬場におすすめ
「刺し身のパック」

手軽なキャンプ飯として Hitoc さんがハマっているのが、刺し身のパック。刺し身としてそのまま味わっても、シェラカップで湯を沸かし一人しゃぶしゃぶにしても最高。寒さが厳しい冬場ならそれほど温度管理を気にせず持っていけるので重宝する。

寝室ごとやってきた!?
ミニバンDIYで
極上の車中泊ライフ

SOLO CAMP 03 みい さん

車を DIY して車中泊ライフを満喫するソロキャンパー。こだわりの車内空間、サイトコーディネートは、複数のメディアに取り上げられるほど。

DATA

キャンプ歴：10 年（ソロ 5 年）

メインキャンプ地：埼玉県

移動手段：自動車

頻度：月 1 〜 2 回

Instagram：@ mie3018

キャンプスタイル

自分専用のミニバンに、改良を重ねて現在の車中泊仕様に。キャンプギアにこだわらず、自分が気に入った雑貨を取り入れ、好きなものに囲まれたサイトコーディネートを楽しむ。

ソロキャンプをはじめたきっかけ

ファミリーキャンプ中心だったが、息子が中学生になり、家族全員で出かける機会が少なくなったため、あこがれのソロキャンデビュー。それも同居の義母や家族の理解があってこそという。

#こだわりのDIY CAR

1 運転席と
寝室スペースを
区切る仕切り

2
車内側面の
収納棚

3
荷室下段の
収納スペース

1年以上構想を練った
理想の空間

みいさんは、いつでもどこでも仮眠できるスペースと、最小限の荷物で出かけられる
自由なスタイルにあこがれていたそう。そこで、みいさん専用の自家用車（5人乗り
VOXY）をカスタムすることに。イメージは、ツリーハウスのような小屋。試行錯誤
しながら、ホームセンターや100円ショップのアイテムを使って形にしたという。
作業そのものは、トータル1週間ほどで終えられたのだとか。

Layout of camping site

1

運転席と寝室スペースを区切る仕切り
の枠組みは、角材を組み合わせて製作。
スライドできる溝を作ることで、壁面
の有孔ボードが取り外し可能に。

2

二つのワインボックスをリメイクし
た収納ボックス。手前側に開くよう
にフタを取りつけた。収納スペース
は３か所あり、左側には食器やクッ
カー、中央にはポータブル電源、右
側には日用品を入れている。

3

みいさんの車は２列タイプのため、荷
室が広く、オプションのボードで上下
に分けられる。セカンドシートを倒す
ことで荷室の上段をさらに広げ、シー
トとボードの上に板を敷いて床面をフ
ラットに。このフラットスペースが寝
泊まりする空間になる。下段は、その
まま荷室として活用。

#車とテントのレイアウト術

ソロでも2部屋使いで
ぜいたくなくつろぎ空間に

車を DIY してからは、テントをリビング、車を寝室にする2ルーム構成だ。テント内にコットを置く必要がないため、広く使える。車内にはポータブル電源を完備しており、夏は扇風機、冬は電気毛布を持ちこみ、快適に過ごせる。

Layout of camping site

レイアウトを可視化して
ハイクオリティな構成に

クオリティの高いサイトレイアウトを展開するみいさんは、事前に配置をシュミレーションするという。ギアをイラストにして、イメージ化することも。また、テントによって、ハイスタイルとロースタイルのコーディネートを使い分ける。

実用性に富んだ
キッチン作り

キッチンには、手が届く範囲に調理道具などの必要なものを置く。雑多に見えても、実用性はバツグン。

キャンプにこだわらない
道具のチョイス

オークションや古道具屋で手に入れたこだわりの品をサイト内に設置。木箱やヴィンテージ品が、みいさんのサイトを演出する。

#ランタンコレクション

貴重なヴィンテージ品を複数所有

ランタンの魅力にとりつかれたみいさんは、お気に入りを見つけてコレクションしている。所有しているものは、ほとんどが廃番になっているヴィンテージ品。「古いものを眺めながら、今までどんな人に使われていたのだろうか？　など歴史に思いをはせるのが楽しいです」。

1

デイツのスケーターズランタンは毎回持っていく
ほどお気に入り。100年前のもので 池や湖でス
ケートする時に使われていたという。

2

E.Thomas&Williams社製のカンブリアンランタン
は、その昔イギリスの炭鉱で使われていたものを
モデルにしている。

3

折りたたみ式のストーンブリッジフォールディング
キャンドルランタン。20世紀初頭にニューヨーク
で開発され、100年近くデザインが変わっていない。

My $favorite$　お手軽キャンプ飯を語る

ゴミ、食材、洗いものを最小限にしたいので、イ
ンスタント食品や冷凍食品を使って手軽にすませ
ています。ただ、朝食はフレンチトーストやクリー
ムチーズとハニーナッツをのせたバゲットなど、
カフェごはんが並ぶことが多いです。時どき、ソ
ロの特権でふだん食べないようなお肉やフルーツ
を食べてぜいたくすることもあります。

ソロキャンコーデ
コレクション PART 1

ソロキャンパーさんお気に入りの
コーディネートやアイテムを教えてもらいました。

みいさん

スノーピークの『タキビベスト』がお気に入
り。車のカギやリップクリームなど細々した
ものをポケットに入れておけます。パンツと
L.L.Bean のブーツの組み合わせが好きです。

Hitocさん

THE NORTH FACE の『ウインドス
トッパーゼファーシェルカーディガ
ン』はアウターにもインナーにもなり、
収時納はコンパクトになるため、つね
に持ち歩いています。

石黒 匠さん

キャンプでの服装は、ワークマンでそ
ろえることが多いです。焚き火をする
ので臭いがついたり、汚れがつきやす
いので、丈夫で安価なものを使い回し
ています。

ノリ さん

グリップスワニー『ファイアーパーカー』を愛用しています。コットン生地なので着倒せる感じが気に入っています。ループがついていて、写真のようにカラビナでギアを吊り下げられるところもいいですね。

Ochan さん

冬キャンプでは、ワークマンの『ケベック』を使っています。安価なのに、厚めの中綿が入っているので履いているとポカポカと暖かく、ソールも滑りにくいブロックパターンが採用されているので、重宝しています。

かせまる さん

19 〜 20 世紀初頭、木材が金より豊富なお宝と称されていた時代に木こりたちが身につけていたオールドアウトドアスタイルを意識しています。木の時代という歴史を感じる、このスタイルがぼくは大好きです。

アウトドア女子ヒミカ さん

アンバサダーを務めるフェールラーベンのウェアを主に着用しています。特にラップランド先住民族サーミ人の民族衣装をモチーフにした「Luhkka」、森の住民をモチーフにした「Woodsman Cap」がお気に入りです。

キャンプが日常。
祖父が残した山を遊び場に
大人だからできる
秘密基地を作る

SOLO CAMP 04 かせまる さん

物心ついたころから山を遊び場とする、生粋のブッシュクラフター。祖父から受け継いだ山で、ほぼ毎日キャンプをする。Instagram では、遊び心満載のソロキャンプを楽しむ姿を見ることができる。

DATA

キャンプ歴：約 30 年

メインキャンプ地：長野県

移動手段：徒歩、自動車（Jeep）

頻度：ほぼ毎日

Instagram：@ kasemaru.good.old.days

キャンプスタイル

ブッシュクラフトスタイル。祖父から譲り受けた山を整備するために切った木を余すことなく使って、シェルターや家具、食器などを自作する。山にいる間は、食事も現地調達。

ソロキャンプをはじめたきっかけ

趣味のイワナ釣りを満足いくまで楽しみたいと思ったことから、野営をはじめる。そこで日常では味わえない喜びや感動に魅了され、ソロキャンプにどっぷり浸かることに。

#素材をむだにしない拠点作り

山の拠点として
木造シェルターをかまえる

間伐した木を利用して作った大規模シェルターは、遊び
心を取り入れるのがポイント。シカの角や動物の骨を飾
りつけたり、木を削って動物をかたどった家具を作った
り、ブランコや滑り台などの遊具を取り入れたり。「山
に一人でいると不安や恐怖で気が滅入りそうになるけれ
ど、こうした遊び心が余裕をもたせてくれるんです」。

シェルター作りは
場所探しから

左記以外にも山のあちこちでシェルターを作る。そのためには、まず設営できる場所を探すことからはじめる。最重要ポイントは川や谷から離れること。渓流でも少しの雨であっというまに濁流と化すため、危険だからだ。次に、雨風を防いでくれる木々があり、極力平らな場所を見つけたら設営をスタートする。

素材によって
制作時間が異なる

竹で骨組みと床を作り、芭蕉の葉をかぶせたシェルター。竹はノコギリの刃にかかる摩擦抵抗が少なく軽いため、切ってから組み立てるまでの時間は1時間半ほど。一方、雨が振ったあとの木材は切りにくく、ぬれて重くなっているため竹の何倍も時間がかかるそう。

41

#テーマは「good old days」

その昔、当たり前だった
山の生活を楽しむ

自身を「無知なキャンパー」と評価するかせまるさんは、"good old days（古き良き時代）" をテーマにキャンプ生活を送っている。ギアは骨董品のように少しくたびれている印象だが、それらを持って山へ向かうのは、かっこいいとかおしゃれとかではなく、丈夫で長持ちするもの、つくりがかんたんだから壊れても自分で修理できるものを選んでいるという。

My favorite こだわりのギア、剣鉈を語る

ぼくのこだわりは、なんといっても佐治武士作の剣鉈。4本も持っています（笑）。折り紙つきの切れ味で、ヤブを開いて野営スペースを確保したり、薪を割ったり、枝でランタンホルダーを作ったりとなんでもこなせる必須アイテムです。海外にはマチェットやチョッパーなどの刃物はありますが、剣鉈のような刃物はありません。ぼくが SNS で剣鉈を紹介すると、海外のフォロワーから「欲しい、譲ってくれ」という声がたくさん届くほど。日本人としても誇らしいですね。

狩ったシカを解体。すべて自分で行い、余すこ
となく食べることで命を尊ぶ。

お手製の竿と魚籠（びく）をもって釣りに出かけるのが
夏の定番。

四季を感じながら
山を満喫する

キャンプ中はもっぱら、四季折々の山遊
びを楽しむ。春には山菜採り、夏は魚釣
りや虫取り、秋はきのこ狩り、そして冬
は狩りや雪遊び。山には夢中になれる遊
びが目白押しだ。遊び疲れてふと目をや
ると、そこには可憐な高山植物、うっそ
うとした森林など、目を奪われる絶景に
心癒やされるという。

雪化粧をまとう木々は、かせまるさんの心を刺
激する。

#「いただきます」の意味

メイン食材は現地調達。
命に感謝して食す

「山では山に勝るものはない」と考え、メイン食材は現地調達。魚や動物などの命をいただくことで、命のありがたみを知ることができるという。とったものは感謝をこめて、余すことなく調理し、残さず食べ切る。

秋には、松茸や栗がたくさん採れる。ぜいたくな食材も、かせまるさんにとっては日常の一部。

川で捕れるアユは、塩焼きや炊きこみごはんに。新鮮な状態で食べられるのも現地調達の強み。

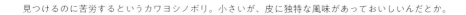

見つけるのに苦労するというカワヨシノボリ。小さいが、皮に独特な風味があっておいしいんだとか。

外で味わう山の幸。
絶品のカワヨシノボリ

自分でとって調理し、その場で食べる山の
幸は高級レストランに引けをとらないほど。
なかでも、絶品だったのが「カワヨシノボ
リ」。川にすむハゼ科の魚で、昔は徳島県
の郷土料理「たらいうどん」の出汁に使わ
れていたそう。焼いたり炊きこんだりと、
多岐にわたって楽しめるのだとか。

Outdoor cooking

#「マンガ肉」チャレンジ

野外だからこそ映える
あこがれの料理

誰もが一度はあこがれた骨つき肉は、かせまるさんにとっても夢のキャンプ飯。木の枝を骨の形に削り、そこに山塩で味つけした肉を巻いて再現。あとは焚き火で焼くだけ。「焼けたら豪快にかぶりつく！ 夢がかなった瞬間でした」。

かせまる さんが教える
里山づくりの心得

1 手入れは絶対！

混み合った木々を間引く作業を「間伐」といいます。間伐を行うことで、樹木に日光が当たるようになって森林を豊かにしたり、土砂崩れを防いだりします。山を手入れするうえで、とても重要な作業です。

2 野生動物に人の気配を伝える

間伐などの手入れをした山を「里山」とよびます。手入れをすることは、人の気配を野生動物に知らせ、人と野生動物をすみ分ける境界線となります。この境界線が人と野生動物が共生するために、重要な役割を担っているんです。

自然の中に現れる
banken居酒屋に
"酔ってらっしゃい"

banken さん

家族とのキャンプを楽しむ一方、酒を片手にソロを楽しむ。つまみはお手製の居酒屋メニュー。YouTubeチャンネルではキャンプシーンのほか、調理工程や、まったりと酒をたしなむ姿を見ることができる。

DATA

キャンプ歴：20年（ブランクあり）

メインキャンプ地：九州

移動手段：オートバイ（ホンダ シャドウスラッシャー 400、ヤマハ VOX50）

頻度：月1回

YouTube：「banken 酒浪漫」
(https://www.youtube.com/channel/UCFbzg3tlfYK7ZtaXYQ4xniA)

Instagram：@banken2

キャンプスタイル

晩酌をメインとする、居酒屋キャンプスタイル。食事はもっぱら居酒屋メニュー。ギアやサイト構成も、晩酌メインの組み合わせ。

ソロキャンプをはじめたきっかけ

20代後半に目覚めたツーリングで、宿泊する手段としてテント泊を選んだのがきっかけ。それ以降、ツーリングだけでなく、キャンプ自体も楽しむようになる。

#居酒屋を満喫する最強布陣

調理も食事も
キッチンで

キッチンはタープ・テントの正面に設営。
メニューによって用意する道具は異なるが、
調理台兼テーブルとコンロは必須。調理を
しながら、酒を楽しめる一石二鳥のレイア
ウトだ。

使い勝手で
コンロをチョイス

調理に欠かせない焚き火コンロがお気に入りというbankenさん。とくに一人用の小型タイプが好きで、リーズナブルな価格のものを複数そろえている。メニューや気分、フィールドによってその日持っていくものを選ぶ。

1 **ユニフレーム『薪グリル solo』**

形状が独特でひと目惚れ。主に炭火で使用。

2 **PETROMAX『ボーボーストーブ』**

マイナーな製品を試してみたく購入。持っている中で一番コンパクトなので原付キャンプで使う。

3 **KVASS『バーベキューコンロ』**

人気すぎて購入を迷ったが、サイズや一瞬で組み立てられる仕組みに惚れこんだ。

4 **バーゴ『ステンレスヘキサゴンウッドストーブ』**

10年ほど前に購入したが、あまりにみんなが使っているので持っていきづらくなっている。

5 **BUNDOK『ボックスストーブ』**

ボックス型の煙突効果でよく燃え、下側へ開くドアから燃料を入れやすいため、使い勝手がよく使用率が高い。

そのほか、ZOTMAN『Takibi-mini』（左端）、Tlymo『ウッドストーブ　ミニ焚き火台』（右端）はコロナ禍のため未使用。

#手製つまみは一級品

自分のための居酒屋を
オープンしたワケ

居酒屋キャンプのきっかけは、独立開業。個人事業をはじめた途端、外食をすることが減ったことから大好きな居酒屋メニューを楽しむために自分だけの居酒屋を"開店"。家族の前で作ると、子どもたちにつまみ食いされ、酒のあてが減ってしまうことがちょっとした悩みなんだとか。

バリエーションは
無限大

メニューへのこだわりは、あえてもたないというbankenさん。「キャンプに生ものは厳禁」などの固定概念を捨てることで、メニューに広がりが生まれるのだそう。酒とつまみとのマリアージュが第一。刺し身には日本酒が外せないとのこと。

banken居酒屋
おしながき

カルパス、スナック

前菜に、市販品を食べることも。
メインディッシュに向けた助走
のような感覚で。

チーズとウインナーの燻製

アルミトレイをカスタムした自
作のスモーカーで調理。さくら
のチップで10分ほど燻し、ウ
イスキーのおともに。

ピーマンの肉詰め、焼き肉

ミニ七輪でじっくり焼き上げる。
シンプルな味つけで、数種類の
ソースにつけて食べる。酒はウ
イスキーをチョイス。

刺し身、黒毛和牛ステーキ

５分で完売するという日本酒
『鷹ノ目-ホークアイ-』を味
わうために、つまみも豪勢に。
どちらも刻みワサビとしょうゆ
が欠かせない。

焼き鳥

ねぎまを炭火でじっくり焼いて、
岩塩のみで仕上げる。このメ
ニューでは、ビールと焼酎が至
高なんだとか。

豚の角煮

先に豚肉をゆでて皿に取ってお
く。熱したダッチオーブンに酒、
しょうゆ、みりんを同量で入れ、
豚肉、カットした長ねぎを投入。
しょうが、にんにくを入れたら、
フタをして１時間ほど煮こむ。

バイク旅にあこがれて。
ロマンを追い求める
キャンプツーリスト

SOLO CAMP 06 ノリさん

相棒のオートバイと男のロマンを
追い求める、ツーリングキャン
パー。重量やバランスを考えた
パッキングにも注目。モットーは、
夏でも冬でもタープ泊。

DATA

キャンプ歴：10年以上

メインキャンプ地：山梨県

移動手段：オートバイ

頻度：月に2〜4回

Instagram：@noripuri

キャンプスタイル

テントを設営しないタープ泊スタイル。
キャンプツーリングのメインはあくまで
もオートバイというイメージだが、簡易
装備のタープ泊でもあえて多数のこだわ
りギアを配置することで、ツーリングだ
けでなくキャンプそのものも楽しむ。

ソロキャンプをはじめたきっかけ

もともとは、オートバイで旅をすることが目的だったが、
ホテルや旅館に連日泊まるのは出費がかさむので、節約
の手段としてキャンプを導入した。

#相棒との旅

相棒との旅が
長年の夢でした

ノリさんのバイクの原点は、『モーターサイクル・ダイアリーズ』(2004年)などの映画。登場人物たちのようにバイクにテントやシュラフをくくりつけて走るのが夢だったそう。念願かなって手に入れたのは、1992年式のヤマハSR400。タンクの塗装をはがし、旅の記録を経年変化に映しているという。

ロマンを感じずには
いられない旅

キャンプツーリングの醍醐味は、1日中楽しみがつきないこと。「日中はバイクで雲を追いかけ、夜は焚き火を前に星を追いかける。一言でいえばロマンです」。長距離を走るキャンプの夜は、焚き火やランタンのもとで地図を眺め、明日のルートを考える。キャンプもツーリングも楽しめる至福の時間だ。

安眠できる
絶妙なレイアウト

焚き火をメインに過ごすノリさんのサイトは、必
然的に焚き火中心のレイアウトになる。星空の下
で眠りたい時は、タープの前にコットを出し、ほ
かのキャンパーの視線をさえぎるようにしてバイ
クをパーテーション代わりに配置する。

＃ギア積載の極意

コールマンのアウトドアドライバッグには、シュラフ、タープ、小物が収納されている(中央)。ブランケットはロープで固定(右)。

テーマは
無造作パッキング

ツーリングキャンプやタープ泊ではギアの数を最小限にするのがお決まりだが、こだわりのものを持っていきたいというノリさんのギア数は多め。数の多さはパッキングでカバーするという。シュラフやタープ、小物を専用の収納バッグに、ポールやコット、テーブル、チェアはベルトで留め、大型ネットに入れてまとめる。

先の写真で紹介できなかった左の荷物の中身。カーミット、コット、170cmのポール、テーブル、火ばさみ、ロストル、テーブル板、テーブルアイアンラック、インディアンハンガー。

小型ギアは
サイドバッグに

走行に支障をきたさない
よう、重量バランスを計
算しながら荷物を厳選す
る。サイドバッグの中に
は調理や焚き火で使う小
型のギアを入れる。

サイドバッグには、食器、ケトル、キャンドルランタン×2、カトラリー、
ペグ、ペグハンマー、鉈とナイフ×2、焚き火グローブ、焚き火フライ
パン、ヘッデン、火起こしセット、ランタンを入れる。写真にはないが、
焚き火台や燃料も。

積載のポイントは
重量バランス

荷物をまとめたら、サイドバッグを
装着。大型の荷物を重ねてシートに
積み、固定すれば積載完了。左右の
重量が偏ると走行に支障をきたすた
め、バランスを保てるように注意を
はらう。

#ツーリスト厳選ギア

キャンプツーリストに
おすすめしたいランタン

ギアの構成や気分によって、ランタンを組み合わせるというノリさん。なかでもハリケーンランタンが好きで、とくに愛用するのはデイツの『デイツ50』。小ぶりなサイズ感がキャンプツーリングに携行しやすいのだとか。

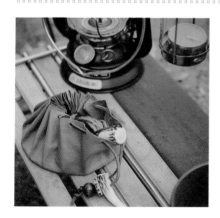

自作ギアで
遊び心もパッキング

キャンプライフをより格別なものにするため、ギアの自作やカスタマイズをはじめたそう。今までに、シカの角をカスタムした火ばさみやメタルマッチ、シカ革のティンダーポーチ（左写真）、レザー製のカトラリーケースなどを自作。

My favorite
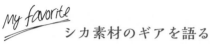
シカ素材のギアを語る

シカを使ったギアを自作するに至ったのは、偶然シカの角を入手したことがきっかけでした。その時はアクセサリーを作ったのですが、動物の角や牙にはお守りの意味合いがあるといわれているので、キャンプギアに取り入れました。

＃キャンプを楽しむ至福の時

星空を見上げる
究極の癒やし時間

サイトを設営したあとは、焚きつけ用の枝を拾い集めながら周辺を散策。火が沈んだころに、お酒を飲みながら焚き火を堪能するというのがもっとも心が癒やされる瞬間だという。ツーリングを満喫してからも続く最高の時間だ。

一時期ヘビロテした
バイク旅メニュー

キャンプ飯に強いこだわりがないというノリさんだが、一時期ハマったメニューがあるという。コンビーフとじゃがいもの炒めもの、玉ねぎのコンソメスープ、パン。「バイク旅といえばこのメニューをイメージしていたんですよね」。

キャンプあるある!?

失敗エピソード

キャンプ慣れしているベテラン勢でも、失敗はつきもの。
みなさんの失敗エピソードを聞かせてもらいました。

かせまる さん

夏の終わりころ、釣ったイワナをテーブルの上に置いたまま、うたた寝してしまったんです。夜中、ガサガサという音に目を覚ますと大きなツキノワグマが！ イワナをくわえて暗闇に消えていき、ことなきを得ましたが、外に野生動物の食料となるものを置いておくのは危険だということを身に染みて感じた瞬間でした。

のっち さん

焚き火が爆ぜて、お気に入りのPatagoniaのフリースに穴が空きました。タープに穴が空いても全然気にならないけれど、これはショックで穴を見るたびに悲しくなります……（涙）。

石黒 匠 さん

人里離れた野営場で、完ソロに。電波が届かず、スマホもラジオもつながらない。木々がガサガサ揺れるたび、クマの気配におびえる。とうとう雨も降り出して、怖くてほとんど眠れませんでした。それからは、自然の気配が強い野営場では、友人を誘うなど最低限の安心を確保できるようにしています。

アウトドア女子ヒミカ さん

大雨の予報なのに大丈夫だろうと、キャンプ場へ。夕食を作っている最中に想像以上のどしゃ降りに見舞われ、テント内が浸水直前に。ずぶ濡れになりながら、ペグでテントの周囲に溝を掘って無事回避しました。

甚 さん

焚き火で半日かけて焼き上げた丸鶏。食べようとしたその瞬間、焚き火の中へ……。灰は汚いものではないので、灰だらけのままおいしくいただきました。本格的な焚き火料理の味わいでしたよ（笑）。

banken さん

とにかく忘れ物が多い。動画のコメントで「今回は忘れ物がないんですね」と言われるほど（笑）。可能なものは、途中で代用品を購入します。

ガルマ さん

はじめての焚き火で火がつかず、汗だくになりながら1時間ぐらい薪と格闘しました。

kimuco さん

いつもはゴミ袋をしっかり閉めて寝ているのですが、その夜は缶詰のスープを飲んでいて、朝食用にと半分残したまテーブルに置いて就寝。起きた時には、なぜかスープがからっぽ。野生動物（？）に飲まれたようでした。

ハルピタ さん

奈良県の山にあるフィールドに行った時のこと。夜、照明を消した途端、暗闇から50個ほどの光るものが。なんとシカの大群がこちらを見ていたんです！　怖すぎて朝まで眠れませんでした。

みい さん

大雨が降った翌日にキャンプ場へ行くと、ぬかるんで田んぼのような状態に。車で奥へ進もうとしましたが、3回もスタック。そのたびに押してくれる仲間を泥まみれにしながら、最終的には入り口近くに戻ってテントを張りました。

ノリ さん

地方の山間部にあるキャンプ場に行く際、近場にスーパーやコンビニが一切なく、食料が調達できず……。移動中に食べたチョコレートと前日に残ったつまみで乗り切りましたが、おなかも気分も切ない夜でした（笑）。

野村 岳 さん

極限まで道具を解体するため、設営と撤去に時間がかかります。出発前の積みこみに30分、設営に1時間弱、撤去に2時間弱。撤去に遅れ、翌日のデイキャンプのキャンパーさんに白い目で見られたことも……。

falo さん

まだギアがそろっていない時に、3,000円のポップアップテントと1,000円のシュラフを持って標高1200mのフィールドへ。とにかく寒い。髪の毛が凍って手ぐしでセットできる状態になっていました。

Hitoc さん

スマホの電波が入らない時は焦ります。トラブルが発生した際に調べものをできないのは、正直しんどいです。キャンプ場の電波状況もチェックしたいですね。

Ochan さん

強風の中、ワンポールテントに小型タープを接続して使っていました。今まで強風でも問題なく使えていましたが、雨も降り出して嵐のような天候に。「パキッ」という音とともにポールが折れてタープが崩壊。荷物は水没し、愛用していたラジオが使えなくなりました……。この日以来、キャンプでの強風対策には力を入れています。

自然を堪能する
究極の形を求めて。
無骨な親父の
ミリタリーキャンプ

自然に敬意をはらい、傷つけない
ことをポリシーとする50代のソ
ロキャンパー。学生時代から熱中
して集めた軍用品のコレクション
を、ギアとして取り入れる武骨な
装備にも注目。

DATA

キャンプ歴：15年

メインキャンプ地：秘密の野営地

移動手段：自動車、オートバイ、徒歩
など

頻度：年間30泊ほど

Instagram：@jin.6616

キャンプスタイル

「キャンプをすることで疲れてはいけな
い」をモットーに、これといったスタイ
ルは決めず、その日の気分や遊び方に
よって、臨機応変にスタイルチェンジを
する。理想は、秒で設営して秒で撤収。

ソロキャンプをはじめたきっかけ

趣味でツーリングをして過ごす中で、「ツーリングって言いなが
ら温泉旅館でのんびりってどうなのよ？」と疑問に思い、野営に
興味をもち、ソロキャンプの世界へ。

Layout of camping

#武骨なサイト構成のコツ

焚き火と景色を満喫する
サイトレイアウト

テントやシェルターを設営する際には、焚き火と美しい自然を堪能できるレイアウトにするのがポイント。焚き火を楽しむためには、風向きのチェックも忘れない。煙が自分に向かってきたらせっかくの景色も台なしだ。急な雨などを想定して、水はけにも考慮しておきたい。

自然を生かした
秘密基地を作る

ブッシュクラフターでもある甚さんのお気に入りは、メインのキャンプ地である秘密の野営地に作ったシェルター。まだ設営途中で屋根の全体に苔を被せれば完成。「完成すれば、毛布1枚でも寝泊まりできます（笑）」と甚さん。

#キャンプ飯三原則

食事に使う道具たち。上から、
『U.S.WW2 Canteen & Cup』、
ファイアーブラスター、ファ
イアースターター、自作の
ホーボーストーブ、柄なしフ
ライパン、白樺の樹皮、ファッ
トウッド、オピネル『カーボ
ンスチール#7』、友人作の食
器類。

「軽い・かんたん・ゴミが出ない」が鉄則

食事のメニューはキャンプスタイル同様、
気分次第。ただし、"軽くて負担にならな
い・調理がかんたん・ゴミが出ない"とい
う三つを心がけている。食品トレーや缶詰
などゴミになりそうなものは、ファスナー
付き食品保存袋に入れ替えてからパッキン
グ。このルールを守れば、ゴミはポケット
に入るくらいの量ですむ。

定番のベーコンエッグに茎ブロッコリーを添えて。

#軍用品コレクター愛用ギア

キャンプギアの原型は
軍用品かもしれない

若いころから軍用品をコレクションしていた甚さん。中学生のころに、アメリカの軍用品を取り扱うショップに足しげく通い、おこづかいの範囲内で収集をはじめたという。コレクションの多くは、兵士が使う野戦装備品。「命をかけて戦う兵士にとって、見知らぬ土地で生活を支えてくれるテントやランタン、ストーブは心強かったと思うんです。そんな心情に思いをはせるからこそ、使ってみたくなる」。

comping ge

甚さん必須の
ブッシュクラフトツール

森で遊ぶのに欠かせないというのが、写真のブッシュクラフトツール。GRANSFORS BRUK『ワイルドハチェット』、BAHCO『バックソーブレード』、ウクライナから取り寄せたハンドメイドナイフ、ハンドドリル。これらがあれば、大体のことはできるそう。手入れをするのも楽しみのひとつなんだとか。

テントと寝袋が融合した
ヒヴィバッグ

ヒヴィバッグとは、寝袋のような形をした一人用テントのこと。甚さんがチョイスしたのは、『Dutch Army Hooped Bivi Bag』という軍用品。1分もかからずに設営でき、雨でも問題ないほどの防水性だ。「テントとは言えないような気軽さが好き。日が暮れたらさっさと広げてさっさと寝ます（笑）」。

ヴィンテージ品の
ケトルも重宝

100年ほど前の品だという『Drew & Sons Picnic Kettle』は、500mlほどのコンパクト感と、銅製ならではの熱伝導率のよさがお気に入り。フタと注ぎ口にキャップをすれば水筒にもなる優れもの。Esbit『ポケットストーブ』には、自作のアルコールバーナーをセットして使用している。

#焚き火は最高の癒やし

焚き火があれば退屈しらず

焚き火は、調理や照明としての役割だけでなく、鑑賞するという楽しみ方もある。甚さんにとって、焚き火をつけることはキャンプに欠かせない儀式のようなもの。薪割りから着火のプロセスまで、楽しみが尽きない。

My favorite

焚き火必須の冬キャンプを語る

ぼくのキャンプシーズンは、春・秋・冬なんです。虫と暑さが苦手なので、夏は控えめ。だからこそ、冬のキャンプは最高。寒い中を過ごすために焚き火が欠かせない存在になります。冬の焚き火って頼もしく感じるんですよね。もちろん後始末は完璧に。

形を変えて
焚き火の奥深さを知る

焚き火は、いろいろな形で楽しむことで奥深さを知ることができるという甚さん。たとえば、丸太に切りこみを入れて立てたまま火をつけるスウェディッシュトーチ、2本の丸太の間に火をつけるラコヴァルケアなどがある。

写真左/ラコヴァルケア。右/スウェディッシュトーチ。

Jin's SOLO CAMP policy

甚さんの
自然を傷つけないキャンプ

ぼくがキャンプをする場所は、キャンプ場ではなく、森の中。一般的に所有地以外での野宿や焚き火は法律や条例で禁止されています。だから、必ず地権者の許可をとる。これは絶対です。さらに、森は神が宿る場所だと思うんです。そこにおじゃまするわけだから、ゴミや焚き火の跡は絶対に残さないというのが何よりも大切なルールだと思っています。旧石器時代の焚き火跡が発見されたということは、ぼくが焚き火跡を放置したら、それがうん十万年以上残るということ。自然を壊さないためには、当たり前のルールを守ることが絶対なんです。

kimuco さん

メスティンで作る
キャンプ飯と一眼レフ、
コーヒーで至高のキャンプ！

キャンパー定番のクッカー・メスティンと出会って早6年。キャンプ中だけでなく、自宅でも日々メスティンごはんを研究中。かんたんかつ見栄えするオリジナルメニューがメディアにも注目される。

D A T A

キャンプ歴：4年

メインキャンプ地：広島県

移動手段：自動車

キャンプの頻度：月1〜2回

Instagram:@kimuco_kitchen

YouTube:「kimucoの休日」
(https://www.youtube.com/channel/
UCTdTS4N7LqpNk6N6PakZljw)

キャンプスタイル

バックパック一つですませるミニマムスタイル。夫婦でのソログルを楽しむ日も。何ごとも探求心を持って取り組むのがモットーで、メスティンで作るキャンプ飯レシピは多数。

ソロキャンプをはじめたきっかけ

ソロデビューは2018年秋。それ以前から仲間とキャンプをしていたが悪天候で中止になる日があり、その日の天候や気分に合わせて気軽に行けるソロに魅力を感じる。デビュー時も当日に決定した。

#キャンプ飯のこだわり

ひと工夫で
インパクト大！

ソロでの食事はお酒を飲みながら、自分のペースで作れるのがいいところ。手を抜きつつもちょっとしたひと工夫で、見栄えのいいキャンプ飯を作るのがポイント。朝ごはんの定番ベーコンエッグも、ベーコンののせ方を工夫するだけでイメチェンできる。

家庭料理も
キャンプ飯に活かす

キャンプ飯への探求心から、自宅でもメスティンを使ったメニューに挑戦。そこから生まれたオリジナルレシピだけでなく、主婦向けのレシピサイトを参考にキャンプ飯風にアレンジしたり、ほかのキャンパーさんのまねをしてみたりと、ふだんからマメに情報を収集。

レトルトや缶詰を
調味料感覚で活用

バックパックでのキャンプは荷物が限られ、たくさんの調味料は持っていけないため、レトルト食品、冷凍食品、缶詰を活かしたキャンプ飯を考える。レトルト食品や缶詰は常温で持ち運べるので、必ず一つは荷物の中に忍ばせておくんだとか。使わなくても次回に利用できるのが◎。

#メスティンレシピ必須ギア

イチオシは
元祖メスティン

メスティンがブームになり、さまざまなメーカーの製品が出回る中、kimuco さんイチオシは元祖メスティンともよばれるトランギア製。サイズ感がソロにちょうどよく、炒めもの、蒸しもの、鍋料理、炒飯など多彩に使える。また、同ブランドの約 3.5 合用大容量メスティンもお気に入り。

大人気のダイソー
メスティンもよし

トランギア一筋だった kimuco さんだが、SNS で話題になり、売り切れが続出した 100 円ショップのダイソー製メスティンもレギュラー入り。トランスギア製よりひと回り小さいサイズだそう。トランスギア製とダイソー製の 3 サイズを巧みに使いこなし、時には同時に使うことも。

ミニダッチオーブンで
本格料理

ダッチオーブンの定番レシピ・ローストチキンを、丸鶏の替わりに手羽元でアレンジ。ソロなら、メスティンと同サイズのキャプテンスタッグ『角型ダッチオーブン mini』を使うのががおすすめとのこと。フタで焼きものができるのも魅力的だという。

camping gear

#おすすめメスティンレシピ

焼き鳥缶詰で作る
親子丼

缶詰を使えば調味料不要で、生肉から作るよりも時短に。ごはんはあらかじめメスティンで炊飯し、ラップをかけて保管。焦げつきにくいアルミホイルを敷いたフタに焼き鳥缶を入れて加熱し、卵でとじる。ごはんにのせる際はフタからアルミホイルを抜けば、卵がくずれず、見栄えもバッチリ。

専用道具不要の
ホットサンド

ホットサンドメーカーがなくてもメスティンでホットサンドが作れる。厚切り食パンを2枚、メスティンの幅にカットして1枚を底に敷く。具材をのせてもう1枚ではさんだら、フタをして上下の向きを変えながら焼く。ホイルやクッキングシートを敷くと焦げつきにくい。

"メスティン革命"
焼きカレー

メスティンのフタの代わりに、キャプテンスタッグ『アルミ角型プレート』を使用。上のプレートでレトルトカレーとチーズを温め、炊飯も同時進行する。仕上げに卵とチーズをのせ、バーナーで軽く炙れば完成！　メスティン料理をやりつくした時期にひらめいた自慢の逸品。

outdoor cooking

スタンディング
ねぎ鍋

メスティンの高さに合わせてぶつ切りし、中央に立てた長ねぎと牛肉をすき焼きのタレで煮こむ。火が通ったら溶き卵をからめてめし上がれ。

サイズ感がぴったりの
豆腐メニュー

豆腐まるごと一丁分がメスティンのサイズにぴったり。オリーブオイルとアヒージョの素で作る豆腐アヒージョや、出汁で煮こんだ温やっこもよし。

〈番外編〉
ホットサンドメーカーレシピ

kimuco さんは、メスティンのほかにホットサンドメーカーレシピも熱心に研究中。なかでも、カレーパンに溶けるチーズと卵黄をのせ、上下を香ばしく焼き上げた「焼きチーズカレーパン」がヒット作。

#おそとコーヒーの魅力

アウトドアで味わう
最高の一杯

kimuco さんは自家焙煎をするほどのコーヒー好き。キャンプでは時間を気にすることなく、コーヒーをいれるまでの工程もゆっくり楽しめる。自然の中で時間をかけていれたコーヒーは格別。時間と荷物にゆとりがある時は、フィールドで豆を焙煎して味わうことも。

コーヒーを楽しむ
マストギア

焙煎機は、アウベルクラフト『遠赤コーヒー焙煎キット（M-K2）』を愛用。ドリッパーは、ドリップしやすいソト『サーモスタック SOD-520』がお気に入り。ドリップに使う道具がスタッキングでき、ドリップ後はマグと重ねて簡易的なダブルウォールマグになる。

アウベルクラフトの焙煎器。

『サーモスタックカップ』には、メルカリで購入した手作りアルコールストーブと五徳、ドリッパー、マグがスタッキングできる。

#お気に入りの過ごし方

朝日を眺めながら
朝食を味わうレイアウト

テントの出入り口から朝日が見えるように設営し、朝日を見ながら朝食やコーヒーを楽しむ。寝床とイスは断熱素材のマットを兼用。おしりが冷えず、荷物も軽減できる。デメリットは一度座ったら立つのが面倒なこと。だから、道具は手の届く範囲に配置する。

やっぱり
一眼レフカメラが好き

スマホのカメラ性能が上がり、荷物の軽量化で出番が減ったものの、夜空や炎は一眼レフでシャッタースピードや絞りを変えながら撮影したいそう。「臨場感のある料理写真を撮るのも好きで、かっこいい写真が撮れた時の達成感がたまらない！」。星空をうまく撮るのが今後の課題だという。

Layout of camping site

79

びわ湖を拠点に。
湖畔に腰かけ、
コーヒーを一口

SOLO CAMP 09 ガルマ さん

デイキャンプ、ショートステイで焚き火を楽しむ、びわ湖専門ソロキャンパー。ブログやYouTubeチャンネルでは、びわ湖の絶景とともにガルマ流キャンプを見ることができる。

D A T A

キャンプ歴：1年半

メインキャンプ地：びわ湖沿いの公園

移動手段：自動車

頻度：昼夜合わせて月に5回ほど

Blog：「Biwako Camp」
(http://biwakocamp.livedoor.blog)

YouTube：「BiwaCam チャンネル」
(https://youtube.com/channel/
UCiTPTTrHWQ_SD1JnwlWgeiA)

キャンプスタイル

びわ湖のほとりで、デイキャンプをメインに過ごす。とにかく焚き火をしたいという欲求に駆られ、今日も今日とて湖をバックに薪を燃やす。

ソロキャンプをはじめたきっかけ

ロードバイクでびわ湖沿いを走るついでに、楽しめることはないかとアルコールストーブとマグカップを購入。休憩がてらに外カフェを楽しみ、気づけばキャンプデビューを果たしていた……。

＃びわ湖にこだわる理由

条件がそろった
最高のフィールド

湖周辺には緑地公園があり、散歩や
サイクリングのほか、BBQやキャ
ンプが無料で楽しめる。車で5分程
度の距離に住むガルマさんにとって、
びわ湖は最高のロケーション。さら
に、びわ湖周辺の街出身で、慣れ親
しんだ庭のように知りつくしている
ため、メインフィールドとなった。

その日の条件をもとに
４つの候補地から選ぶ

キャンプの候補地は、４か所ほど。季
節や天候、好み、混雑具合、時間を考
慮して、４つの候補地の中からセレク
トする。

びわ湖と焚き火を眺める
至福の時間

焚き火が好きになり、キャンプにハ
マったというガルマさんのキャンプの
主役は、もちろん焚き火。びわ湖と焚
き火を見ながら過ごす時間は、まさに
至福の時。料理を作ったりコーヒーを
いれたりするのも、すべて焚き火で。

My favorite
米が主役のキャンプ飯を語る

米が大好きなので、米を中心に考えたメ
ニューを作ります。今まで作ったものは、
スパイスカレー、シンガポールチキンライ
ス、鯛めし、炊きこみごはん。どれも米を
おいしく食べられる料理です。肉やウイン
ナーを焼いたり目玉焼きベーコンのように
手軽なものを作ったりすることもあります。

camping g

#びわ湖キャンプのマストギア

DDハンモック
『DD Tarp 4X4』

変幻自在にテントのようにも張れるタープ。これなしではびわ湖キャンプは語れないと言っていいほど活用している。

tent-Mark DESIGNS
『陣幕ミニTC』

パーテーションや風除けなど、さまざまな用途で使える陣幕。風が強い日に大活躍。

Marupeinet
『DELTA STOVE』

ソロキャンプ用に購入した五徳。メカっぽいデザインとコンパクト感にひと目惚れ。横風を受けにくい設計だから、風が強い日でも◎。

Wolf and Grizzly
『FIRE SAFE』

直火のように低い位置で焚き火ができる焚き火台。たたむとコンパクトになるので、自転車での持ち運びに重宝する。

SOLO CAMP 09 **ガルマ** さん

#風に負けない空間づくり

タープや陣幕を組み合わせて強風を防ぐ

湖畔には遮るものがほとんどないので、風が強く吹くことがある。風を防ぐように『DD Tarp 4X4』や『陣幕ミニTC』を設置し、快適に焚き火を楽しめる空間を生み出す。

Layout of camping site

Noé

撮影方法・機材のこだわり

お手本にしたい

日々 SNS などにすてきな写真や動画をアップしているみなさん。
どんな機材で、どのようなことを意識して撮影しているのでしょうか。

falo さん

正面から撮影する際は、被写体を中心から少し左右にずらして余白をつくります。真上から撮るときには、正面とは逆で被写体を中心にすることが多いです。

撮影機材／スマホ

甚 さん

愛用のカメラは、雪や雨にぬれても、泥の上に落としてもへこたれません。残念ながら少し重いんですが、ずっしりと安定感があるので好きです。シャッター音が気に入っています。

撮影機材／ NIKON『D300S』

Hitoc さん

あるがままを撮りたいと思っているので、サイト周りがゴチャゴチャしていてもあえてそのままにし、リアルな空気を残しています。あとはシーンに合わせて、レンズを広角、望遠と使い分けています。

撮影機材／ SONY『α7III』、SIGMA『ART 135mm F1.8 DG HSM』『ART 24mm F1.4 DG HSM』

ハルピタ さん

少しでも SNS を見てくれている人の参考になればと思い、ギアのレイアウトをしっかり写すようにしています。

撮影機材／スマホ

のっち さん

その場の雰囲気や臨場感を感じられるように撮影しています。スマホですが、フォーカスの合わせ方やアングル、空間の使い方など意識しています。

撮影機材／スマホ

みい さん

その時の空気や色彩を残したいと思っているので、五感を刺激するような写真を撮れるように心がけています。

撮影機材／ OLYMPUS『E-M5 mark II』、SONY『DSC-RX100M4』、スマホ

野村 岳 さん

カブを正面から撮ると少し顔っぽく見えるので、できるだけその顔が見えるように撮っています。気がつくとカブとサイトしか写っていないので、友人には「カブが1人旅している」と言われます（笑）。あとは自作のランタンやランプが多いので、それらが映える夜間の撮影が好きです。三脚は荷物になりますが、夜間撮影には必須なので毎回無理して持っていきます。

撮影機材／ SONY『α 7S』、スマホ

Ochan さん

基本的にはキャンプ中の記録なのですが、少しでも読者の方に喜んでいただけるような写真になるよう心がけています。愛用のカメラは、手振れ補正機能と高感度耐性が強いため、手持ちでも夜のテントを撮影できるのが気に入っています。

撮影機材／RICOH『PENTAX KP』

ノリ さん

なるべくバイクやサイトを背景の自然となじませるように考えているのと、自分の世界観を写真に落としこみたいと思っています。勉強中なので、これらをうまく表現できないのがもどかしいです (笑)。

撮影機材／OLYMPUS『OM-D E-M5 Mark Ⅱ』

kimuco さん

荷物の量を考慮しながらカメラを使い分けていますが、使用するレンズは単焦点。動きながら構図を作るのも楽しみの一つ。最近は、『PENTAX Q』にフィルム映画の撮影に使われていた「シネレンズ」をつけて、味のある写真や動画の撮影を楽しんでいます。動画は基本的に iPhone12pro の 4K 撮影です。

撮影機材／Canon『EOS 6D』、RICOH『PENTAX Q』、スマホ

石黒 匠 さん

朝焼けと夕焼け、いわゆるマジックアワーの
時間帯を意識しています。炎や煙の揺らぎ、
人の動き、木々が揺らめくようすをなど、静
止画でも動きが出るようにしています。

撮影機材／ SONY『α 6400』、SIGMA のレンズ

アウトドア女子ヒミカ さん

動画配信時から、単焦点による映像の
ボケた感じがチャンネルの持ち味に
なっていたので、機材を変えてからも
撮影手法は変わらず単焦点です。

撮影機材／ Panasonic『LUMIX G9 PRO』
『LUMIX GX8』、COSINA『VoightLander』、
NIKON『Ai-S』

ガルマ さん

焚き火の模様を見て楽しめるように動
画を撮るようにしています。それを伝
えられるよう、動画編集を勉強中です。

撮影機材／ SONY『ZV-1』

かせまる さん

自然と道具のみが写るようにして、電
柱やガードレールなどの人工物は画面
に入れません。

撮影機材／スマホ

banken さん

いろいろなアングルで撮影している
のですが、カメラが1台しかないの
で、頻繁に位置を移動させています。

撮影機材／ FUJIFILM『X-A3』

ジャンルにとらわれない
我流キャンプ。
その日の気分で変幻自在

思い描いた理想のキャンプを追い求め、自作ギアに囲まれながら楽しむベテラン。自称"永遠にキャンプ初心者"。また、無料キャンプ場の閉鎖を止めるために、ゴミ拾い活動を行う"森の守り人"としての顔ももつ。

DATA

キャンプ歴：16 年

メインキャンプ地：特になし

移動手段：自動車、自転車

頻度：月に 1 ～ 4 回

Instagram：@falo0416

キャンプスタイル

ジャンルにはまらず、自然体で気ままに楽しむのが falo さん流。さまざまなスタイルを楽しんできた経験から、それぞれのよいところを取り入れて、我流キャンプを確立する。

ソロキャンプをはじめたきっかけ

インテリア好きが高じて、庭にオープンカフェを再現。そのようすに幼少からあこがれていたキャンプを思い出し、満を持してソロデビュー。グルキャンも経験したが、自然体でいられるソロに定着。

SOLO CAMP **10** falo さん

falo流サイトレイアウト術

アクアリウムにならった
サイトレイアウト

サイトを設営する時には、決まったプロセスを踏む。①景色やギアがマッチする場所を探す。②動線となるフィールド内の道を正面にしてテントを張る。景色を眺めたい時は、その景色を正面に。③高低差が出るようにギアを配置。④全体をチェックし、整頓されすぎている配置のものはあえてずらす。「高低差を出すレイアウトは、アクアリウムからヒントを得ました」とfaloさん。一番背の高いテントの入り口手前にウォータージャグや樽にのせたメインランタンを置き、チェア、ローテーブル、シングルバーナーの順に並べるという。

#気張らない過ごし方

全身で野外のよさを
感じ取る

キャンプに行くと決めたら、それ以外の予定は立てない。何もせず、ただ座ってボーっと過ごすのが大半だそう。「風に揺れる木々の音や遠くに見える山並みなど、外にいることを五感で感じられる時が一番幸せなんです」。

野外も工夫次第で
映画館に早変わり

時には、特別な夜を過ごすこともある。この日はタープをスクリーン代わりにし、プロジェクターを使って映画鑑賞。定番のポップコーン、ホットドッグを忘れずに。

その場の雰囲気で
過ごし方を変える

フィールドごとの楽しみ方を見つけるのも、キャンプの醍醐味。夜景が映える場所なら景色を眺めたり、森なら散策をしながら焚き火用の落ち葉を拾い集めたり。いい意味で力の抜けたキャンプライフは最高の癒やしなのかもしれない。

#使いこんだ愛用品

質のよい
古道具たち

便利で使いやすいキャンプ道具が増えている中、faloさんが愛用するのは年代もののヴィンテージギア。たとえばコールマンランタンでいえば、年代によって塗装の色に微妙な差がある。メンテナンスさえ怠らなければ長く使うことができるのも、愛すべき理由だ。

使えば使うほど
オンリーワンのデザインに

「長年連れ添った道具たちは、ぼくの自慢です」とfaloさん。傷やへこみ、汚れ、変色は、キャンプをする中でともに成長してきた証。そんな世界に一つだけのデザインをまとった道具たちに、愛着が増すのかもしれない。

My favorite
信頼をおくシングルバーナーを語る

MSR『ドラゴンフライ』は、自分にとって一切のスキのない道具といえるんです。魅力は、液体燃料だからどんなに寒くても運転が安定すること。それに火力は弱めですが、シングルバーナーでは貴重な火力調整ができるからクッカーへの焦げつきを最小限に抑えられます。また、ヘッド部を振ればクリーニングニードルが作動して、手軽にメンテナンスできるのもいいですね。

#理想に近づく自作ギア

1

自作タープ

8号帆布をミシンと手で縫製。外周には、カットした縁どりテープをボンドで圧着した。

2

自作ロッジテント

木材のフレームに、8号帆布を覆う。製作費用は35,000円ほど。

3

自作流木ポール

キャンプ場周辺の川や湖で拾った流木を、タープに合わせて切る。

4

自作テーブル

ホームセンターにあった300円詰め放題の木材を利用し、製作。ヤスリやニスで仕上げ。

はじめての作品はタープでした

あこがれのキャンプ道具を手ごろな金額で手に入れる手段として、DIYを思いついたfaloさん。はじめて自作したのはタープ。家庭用ミシンを使ってスタートした作業は思ったよりもスムーズに進み、その後も理想の道具を自らの手で生み出すきっかけになった。

#常に特別なキャンプ飯

カップ麺もローストチキンも極上の一品に

仕事終わりにフィールドへ向かうことが多いので、時短のためにインスタントラーメンを食べることがほとんど。日常だと味気なく感じるが、野外で食べるカップ麺は「絶品」の一言につきる。恒例のクリスマスキャンプでは、ダッチオーブンでローストチキンを焼くのが定番だ。

出発前に、鶏肉を洗ってにんにく、オリーブオイル、『クレイジーソルト』を塗りこむ。フィールドではダッチオーブンに鶏肉、じゃがいも、玉ねぎ、ローズマリーを入れて焚き火で調理。最後にオリーブオイルをかけてもう一度焼くのがコツ。

falo さんの
森を守るゴミ拾いキャンプ

ゴミ拾いのイメージアップ作戦で
無料キャンプ場を守る活動

利用者が放置したゴミ問題が深刻化して、全国の無料キャンプ場が相次いで閉鎖している。その危機に立ち向かうのが、falo さんのゴミ拾いキャンプだ。「ゴミ拾いがファッション性の高い活動になれば、放置ゴミが減るんじゃないか」と思い立ち、Instagram アカウント（@forestkeeper0416）を立ち上げた。ゴミ拾いをしているキャンパーの投稿をリポストしたり、プレゼント企画を立てゴミ拾い中の画像を積極的にアップしてもらったり、発信力の高い人に活動をシェアしてもらったり。さまざまな方法で、イメージアップをはかっている。

モデルとしても活躍する、フォロワー数30,000人以上の芳美リンさんにも支持してもらい、活動を広めてもらったという。

空き缶やびん、使い終わった炭などさまざまなゴミが放置されている。炭は土に還らないので、ゴミとして森に残ってしまう。

TOUCH THE WILD！
ブッシュクラフトに魅せられた
ソロキャン女子のすてきな休日

焚き火からロープワーク、シェルターまで、日本のブッシュクラフトの第一人者から本格的に学ぶ。インストラクターの資格を取得し、現在はブッシュクラフトをはじめ、ロープワークや防災などのワークショップを行う師匠の元でスタッフとして活動中。

DATA

キャンプ歴：4年

メインキャンプ地：森、知人の山など

移動手段：自動車、徒歩

キャンプの頻度：月4〜5回

Instagram：@noc_chi

YouTube：「のっち Channel」
（https://youtube.com/channel/
UCsFpISmWTTnIj4xZI_VWO4Q）

キャンプスタイル

ブッシュクラフトを軸とした野営スタイル。「いかに少ない道具で楽しむか」がこだわりの一つで、バックパック一つで野営地に向かう。所有者の許可を受け、直火の焚き火を楽しんでいる。

ソロキャンプをはじめたきっかけ

身近にキャンプを楽しむ人が多く、あこがれをもつように。しかし仲間はキャンプ、私は仕事というシチュエーションがたびたびあり、そのうらやましさを原動力にソロキャンをはじめる。

#ブッシュクラフトの魅力

先人の知恵を
体験して感動する

最低限の装備で、自然のものを使って過ごすブッシュクラフトには、人類が長年培ってきた生活の知恵が詰まっている。決まりや型にとらわれない自由なスタイル、物がないなら知識や技術を使って楽しめるのが醍醐味。そして、災害などの非常時にも役に立つのがとても素晴らしい。

焚き火を満喫する
過ごし方

すべての設営が終わってから味わうビールが最高に幸せな瞬間！火を起こし、焚き火で調理しながら、焚き火をあてにお酒をとことん楽しむ。時間にゆとりがある時は、クラフトやロープワークの練習もする。大自然の下での昼寝も至福の時間。

#焚き火中心のサイト構成

タープを多彩に
使いこなす

テントではなくタープを使うの
が、のっちさんスタイル。雨風
を防ぐ張り方や開放的で過ごし
やすい空間など、その日の状況
や天候に応じて設営できるのが
自慢。朝日が登る方向を向いて
焚き火ができるようにタープを
張るのが彼女の定番。

直火の焚き火に
魅了されて

ティピー型、ロングファイヤー型、キーホー
ルファイヤー型、差しかけ型など、シチュエー
ションに応じたレイアウトを考えて焚き火を
楽しむ。火床に石を敷き詰めたり、穴を掘っ
てみたり。火種が朝まで残る工夫をするなど、
直火ならではの楽しみ方があるのだとか。

#少数精鋭の一軍ギア

バックパック一つ あればいい

バックパック一つで完結できるキャンプを目指しているのっちさん。ギアを忘れたら、あるもので工夫するか現地で作る。そのため、1本あればなんでもできるナイフはマスト。さまざまな火起こしにトライするのが楽しみなので、火起こしアイテムは多数持っていく。

木で自作したペグ。

トライポッドを利用したベッド。

現地で作って荷物を減らす

焚き火の調理などに欠かせないトライポッドをはじめ、熱を反射して焚き火の効率を上げるリフレクターやタープを張るペグ、さらにはしなども現地で調達して手作り。まさに、ブッシュクラフトならではの醍醐味だ。トライポッドはベッドとしても使える。

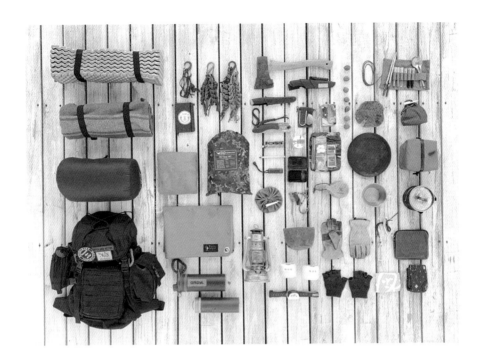

バックパックとその中身

バックパック／karrimor SF『プレデター30』
シュラフ／NANGA『オーロラ750DX』
マットレス／THERMAREST『クローズドセルマットレス Zライト ソル』
ブランケット／Rothco『Italian Army Type Wool Blanket』
タープ／『DD Tarp3 × 3MC』
ロープ／TOUGH-GRID製750ポンド
ランタン／フュアハンド『ベイビースペシャル276ジンク』
LEDランタン／Beszing
ヘッドライト／PETZL
斧／ハスクバーナ製
ノコギリ／Silky『ポケットボーイ170』
ナイフ／モーラナイフ『ブッシュクラフトサバイバルブラック』『コンパニオン』
革手袋／グリップスワニー『G-1ベーシックモデル』
ガストーチ／ソト『スライドガストーチ ST-480RT』
浄水器／GRAYL
コッヘル／スノーピーク『ケトルNO.1』
フライパン／槙塚鉄工所『フライパンディッシュ』
シェラカップ／スノーピーク『チタン シェラカップ』
ククサ／PATHFINDER

#厳選のこだわりギア

ブッシュクラフトの
相棒的道具

モーラナイフ『ブッシュクラフト サバイバル ブラック』は、のっちさんのブッシュクラフトに欠かせないギアの一つ。クラフトだけでなく、火起こしや調理にも使えるという優れもの。3.2mmの刃厚があるのでガシガシ使っても問題なし。しかも細かい作業もできてしまうすごいヤツ。

経年変化も味の一つ、
焚き火用グローブ

スワニーイエローがきれいなグリップスワニー『G-1 ベーシックモデル』は、焚き火の薪を（一瞬なら）つかめるくらい丈夫で、調理にもクラフトにも重宝。ミンクオイルを塗ってメンテナンスすれば、イエローがより鮮やかに味わい深くなり、革を育てながらずっと使える。

すべてはここから
はじまった！

NANGA『山渓 × NANGA オーロラ 450DX』。このシュラフを誕生日にゲットしたことで、のっちさんのキャンプ生活がスタート。今は、綿を詰めてもらったのでオールシーズン適用の 600DX 級の温かさになっているとか。冬場は 750DX のロングを使用。

#災害時にも役立つ野営メニュー

野営の知識は
いざという時に活用できる

ブッシュクラフトやキャンプの知恵は、災害時にも役立つというのっちさん。下記で紹介する水を使わないリゾットや少量の水でできるパスタは、いざという時のために覚えておきたい。

無水リゾット

コッヘルに鶏肉、ベーコン、しめじを入れて軽く炒めたら、ちぎったピーマンと、トマト1個を手で潰しながら入れる。さらにごはんを入れてフタをして蒸す。全体がなじんだらチーズとたまごを入れてさらに蒸らす。仕上げに『黒瀬スパイス』をかけて完成！

水戻しパスタ

ファスナーつき食品保存袋にパスタを入れ、浸るくらいの水を入れる。1時間半から2時間ほどつけたら取り出して、お好みの具材といっしょに炒める。生パスタのようなモチモチした食感になるが、水に浸しすぎるとベチャッとするので要注意。

自作の調味料ケースを語る

野営時には複数の調味料を持っていくのですが、自作の調味料ケースに入れています。こだわりは、調味料を試験管に入れているところ。布で作ったケースには試験管用のホルダーをつけました。このアイデアを YouTube にアップしたところ、視聴者の方から問い合わせが相次ぐほど反響をいただきました！

雪中キャンプ、登山、
野生動物……。
北海道・十勝地方の
美しい大自然を満喫

SOLO CAMP 12 石黒 匠 さん

キャンパーなら一度は行ってみたい北海道。そんな地でアウトドア好きの家族に連れられ、赤ちゃんのころからキャンプを経験。地元の十勝地方をフィールドに1年を通してキャンプを楽しむ。

DATA

キャンプ歴：30年

メインキャンプ地：北海道

移動手段：自動車

キャンプの頻度：月2〜3回

Instagrum：1496_tak

ブログ：「BITTER-CAMP」
（https://www.bitter-camp.com/1496/）

キャンプスタイル

オートキャンプもしくは軍幕での野営スタイルで、愛用のテントはポーランド軍幕。冬は−20℃を超える雪中キャンプを楽しむ。登山も好きで、人生初の「テン泊」登山は十勝岳縦走。

ソロキャンプをはじめたきっかけ

仕事柄休みが不定期で、友人との都合が合わず、一人でも行きたいという思いからソロキャンプの道へ。「来た時より美しく」「どんなことがあってもイライラしない」のがモットー。

Layout of ca

#北海道キャンプの魅力

格安のキャンプ場や
野営場が充実

車で 30 分～ 1 時間も走れば海や山、湖な
どにキャンプ場や野営場があり、料金も無
料～ 1,000 円程度と格安。野生動物が身
近な野営場では、食料を荒らすキタキツネ
やクマを寄せつけない工夫をするなど、自
然とうまくつきあう術を磨く必要がある。

テント泊登山で
大自然をさらに満喫

初のテント泊登山は日本百名山の一つ、十勝
岳縦走。標高 2077 m の十勝岳は、十勝岳連
峰の主峰で、現在も火山活動が続き、ダイナ
ミックな景色が楽しめる。テント泊をした上
ホロカメットク山では、念願の日の出を撮影。
北海道の大自然を感じた瞬間。

上ホロカメットク山で撮影した日の出。

雪中キャンプは
寒いけれど最高！

じつは降雪時のほうが暖かく過ごせ、積もった雪が反
射する雪明かりで夜でも周囲が明るい。雪を固めて
テーブルを作ったり、テントの裾に雪をかけて隙間風
を防いだりするなど、いろいろと役立ってくれる。

#雪中キャンプの極意

ギアはホッカイロや
人肌で温める

－20℃を超える雪中キャンプでは、ガスは冷えて気化せず、カメラやスマホはバッテリーの減りが早くなる。そこでガスの代用に灯油燃料を用い、カメラには使い捨てカイロを貼り、スマホやマイクロトーチは常にポケットに入れて温めて、いつでも使えるようにしている。

雪中キャンプ
三種の神器

テント内を温める「暖房器具」、暖房器具とセットで使う「一酸化炭素チェッカー」、加えて「冬用シュラフ」が雪中キャンプの必需品。火器の扱いには細心の注意を払い、一酸化炭素の排出量を毎回検証しながらキャンプをしているという。検証する時間も案外楽しいとか。

ガスの代用に
灯油燃料が大活躍

暖房器具は、武井バーナー製の灯油ストーブと『アルパカストーブ』を愛用。前者は極寒でもポカポカと心地よく過ごせるほどのパワーをもち、『アルパカストーブ』は調理もできるほか、男心をくすぐるタフなデザインが気に入っているそう。

スープ系メニューで
体の中から温める

ミネストローネやポトフなどのメニューは、寒い中でも体が温まり、具材を足しながら何日も楽しめるのでお気に入り。料理は見た目にも気をつかい、ビーフシチューを詰めたポットパンやローストビーフなども得意。

＃Takumi版ギアカタログ

雨の日も快適な
タープ＋軍幕

耐水圧 20,000 ㎜という最強の防水性をもつアクアクエスト製のタープと、ポーランド軍用品のポンチョテントは、見た目と機能性が両立して使用頻度が高いギアの一つ。タープをシェルターとして使用するほか、雨の日はタープの下に軍幕を設置する。

軽装備キャンプの
頼れる相棒

バックパックは収納性に優れたサイバトロンのものを使っている。自動車の乗り入れを禁止している野営場では、たくさんの道具が運べないため軽装備にせざるを得ないが、これ一つ背負っていけば十分間に合う。

コーヒーのうまさが増す
ケトルとマグ

コーヒー好きの石黒さんが愛用するのが、ノル
ウェーのアウトドアブランド・イーグルプロダ
クツのケトルと、スノーピークの『チタンシン
グルマグ』。見た目のよさとタフなつくりがお
気に入り。愛着のある
ギアでいれるコーヒー
はいっそうおいしく感
じるという。

味わい深く燃費も安い
灯油ランタン

イギリスのティリーとドイツのフュアハンドは、
いずれもランタンメーカーの老舗。灯油ランタ
ン独特の味のある明るさが魅力だ。灯油を燃料
にしているので燃料代が安くすみ、複数の燃料
を持っていかなくても灯油だけあればいいので
重宝している。

#自然を満喫するために

テントサイトを
撮影の拠点に

1回のキャンプで100枚以上を撮影するほど
カメラ好きという石黒さん。サイトはできる
だけ人工物が映らない場所を選んで設営。軍
幕やタープ泊のときは"ゴロゴロしながら焚
き火をいじれるようなレイアウト"に。焚き
火をしている時はほかのことを忘れて夢中に
なれるそう。

" その場にないものは 作る " が基本

ないものがあれば必要に応じて、その場にあるものでなんとかするという石黒さん。ポールやペグ、はしやスプーンを忘れても近くに落ちている枝などで代用品を自作する。

Takumi Ishiguro's SOLO CAMP policy

石黒さんが考える
キャンプのメリット

1 友人が増える

大人になると友だちと呼べる人と出会える機会が少なくなる。しかし、キャンプでは、まるで以前から知り合いだったかのような気の合う人たちとたくさん出会える。

2 人生が豊かになる

キャンプとセットで釣りや登山、カメラを楽しむのもおすすめ。趣味が増えて貯金ができないデメリットもあるが、それ以上にたくさんの経験を積むことができ、人生が豊かになった。

ソロキャンコーデ
コレクション PART 2

PART 1（P.36 ～ 37）に引き続き、
みなさんのお気に入りのコーディネートやアイテムを
ご紹介します。

kimuco さん

においも汚れも気にならない
リーズナブルなワークマンで
全身コーディネートしていま
す。ソロキャンプデビューの
日がワークマン女子デビュー
の日でもありました。

ハルピタ さん

気楽なのにおしゃれに見える、
チェックシャツ＆オーバーオール
のコーディネートが多いです。帽
子とサングラスも欠かせません。

falo さん

写真のアウターとボトムを合わせることが多いです。アウ
ターの好きなところはクレイジーパターンのデザインと保
温性、撥水性。ストレッチ素材なので動きやすいのもいい
ですね。ボトムは、丈の長さと色が気に入っています。

のっち さん

フェールラーベン製の素材『G-1000』のウェ
アを着ています。一番のお気に入りは、ひ
ざとおしりの部分が二重になっているとこ
ろ。専用のワックスを塗ることで、雨の日
や湿気の多い場所で座ったりひざをついた
りしてもぬれる心配がありません。

甚 さん

バッグやザック、ポーチ類、靴、腕時計などのアイテムはほぼ軍用実物。これで野戦服を着ていたらコスプレになりそうだから、服装はユニクロでまとめています。

野村 岳 さん

カブがレトロで水色・赤・白の配色なので、それに合うような服装をしています。そこに、アンティーク感のある木製の時計も合わせます。

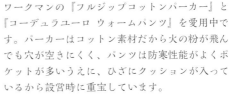

ガルマ さん

ワークマンの『フルジップコットンパーカー』と『コーデュラユーロ ウォームパンツ』を愛用中です。パーカーはコットン素材だから火の粉が飛んでも穴が空きにくく、パンツは防寒性能がよくポケットが多いうえに、ひざにクッションが入っているから設営時に重宝しています。

banken さん

バイク移動のため、防寒は必須。冬場の定番はモッズコートで、気温によってインナーをフリースやウィンドブレーカーに変えています。特に冷えこむ時は、ライダースジャケットです。

ブラウンギアに囲まれて
気ままにウクレレ
奏でます

ブラウンカラーのギアを巧みに
コーディネートする茶系キャン
パー。趣味はウクレレ。焚き火の
かたわらで、陽気な音色を奏でて
のんびりと過ごす。

DATA

キャンプ歴：20年

メインキャンプ地：なし

移動手段：自動車、自転車

頻度：月4〜5回（デイキャンプ含む）

Instagram：@harupita

キャンプスタイル

さまざまなスタイルを経て、ウクレレを
片手に焚き火と戯れる現在のスタイルに
落ち着く。キャンプ道具は、ブラウン系
一択。

ソロキャンプをはじめたきっかけ

もともとファミリーキャンプやグループキャンプを楽しんでいた
が、職業柄人と話すことが多かったため、好きなギアを並べて何
も考えることなく一人でボーっとしたくなり、ソロデビュー。

#統一感を出すレイアウト術

微妙に異なる色の
組み合わせを楽しむ

長年愛し続ける茶系ギアに囲まれ
ていると落ち着く、というハルピ
タさん。「とくにブラウンのヴィ
ンテージギアにはメロメロで
す！」。同じブラウンでも微妙に
異なる茶色を巧みに組み合わせ、
統一されつつもメリハリのある空
間を生み出す。

計算しつくされた
ギアの配置

サイトコーディネートのポイント
は、必要なギアはすべて手に届く
位置に置くこと。焚き火の前、テン
トの中、どこにいても少し手を
伸ばしただけで必要な道具を取れ
る位置を計算したレイアウトに。

120

ソロでも充実した
ギアの数々

ソロキャンプでは「荷物を少なく」というの
が一般的だが、サイト内にはソロと感じさせ
ないような数のギアが並ぶ。ギアのコーディ
ネートを妄想しているうちに、あっというま
に充実したサイトになったそうで、中でもヘ
ビイユーズしているのは下の3品だ。

1
スノーピーク
『シェルフコンテナ』

ご存じ、スノーピーク製シェルコン。
ギアの収納はもちろん、天板をのせれ
ばテーブルにもなる。

2
CAMP★MANIA PRODUCTS
『LO GRILL STAND』

5年以上愛用するグリルスタンド。汚
れも気にならず、熱いものもそのまま
おけて便利。

3
ソマビト
『ソマチェア』

コンパクトになるレザー製チェアで、
持ち運びが楽。使えば使うほど自分の
色になるのもお気に入りポイント。

#ウクレレとのコラボレーション

焚き火の炎が
ウクレレ欲を高める

設営が落ち着いたころ、ハルピタさんのサイトには陽気な音色が響く。「日が沈みかけるころから焚き火の準備をして、それを眺めながら酒とごはん、そしてウクレレを奏でます」。ただし、ウクレレを弾く時は、音が周りの迷惑にならないよう時間に注意する。

Episode 「ハプニングをウクレレで解決」を語る

あるキャンプ場でサイトを設営したら、あとから来たファミリーとグループにはさまれてしまったんです。「静かにのんびり過ごしたかったのに……」と最初は落ちこみましたが、ウクレレを弾いていると周りから声をかけられました。最終的には、ぼくの焚き火を囲み、みんなで楽しめたので、結果オーライでした。

#キャンプ飯は米が主役

食事も気ままに
その日気分

出発前にスーパーマーケット
に寄って、食材を見ながらそ
の日の気分でメニューを決め
る。ただし、米は欠かせない
そうでそれに合うおかずを作
る。時どきカレーとナンなど
米以外のメニューも楽しむ。

大阪出身のハルピタさんに
とって、ごはんとやきそば
の組み合わせはマスト。

圧倒的に肉メニューが多いそう。
焚き火で豪快にステーキを焼く
ことも。

１台の中古カブとの
出会いではじまった
ソロキャンプという冒険

原付バイクのリトルカブを交通手段とする「カブキャンプ」歴4年。中古で購入したカブのレトロなデザインに合わせて、キッチン台やランタンなどのオリジナルギアを作る。

DATA

キャンプ歴：4年

メインキャンプ地：関東近郊

移動手段：オートバイ（2004年製ホンダリトルカブ）

キャンプの頻度：月1回程度

instagram :@gaku.nomu

キャンプスタイル

中古のリトルカブを、宅配や郵便配達のバイクを手本に、積載スペースを増やし、バーベキュー兼焚き火台と自作キッチンを積めるマシンに改造。原付バイクの積載制限30kg以下という壁に挑む。

ソロキャンプをはじめたきっかけ

カブで遠出をしていた道中、リサイクルショップで手ごろな大きさのツーリング用テントを見つけたのがきっかけ。カブには大型バイクや自動車に負けない楽しさがあるという対抗心も強い動機に。

#カブキャンプの楽しみ方

中古カブをキャンプ用に
カスタマイズ

購入時は車体価格 59,000 円、走行距離 17,000km 以上。消耗品の交換以外は壊れる気配がなく、今も 70km / 1ℓ と燃費もバツグン。積載スペースを改装し、大型荷物も搭載可能に。積載への情熱がカブで旅に出る動機になり、キャンプというさらなるステップへ進んだ。

カブに合わせた
ハイスタイルのサイト

野村さんのサイトは、ハイスタイルが基本。カブの荷台に取りつけたフックつき収納ボックスが、テーブルや灯り台、ハンガーラックになるので、しぜんと高さのある構成になる。ギアを兼ねるカブは手が届く場所に配置するという。焚き火台は高さ60cm ほどのものをチョイス。

焚き火＆自家焙煎
コーヒーでくつろぐ

バーベキュー兼用の焚き火台を中心にしたレイアウトで、焚き火を見ながらのんびりするのが定番のスタイル。コーヒー好きなので、小さな焙煎機で豆を煎り、挽きたてのコーヒーを味わうことも。ギアを下ろし、カブに乗って近場を観光するのもお気に入り。

豪快かつシンプルな
ホイル焼き

一点豪華主義よりも、なるべく多彩なメニューを用意してキャンプの食卓を明るくするという野村さん。得意料理の一つが、じゃがいもや玉ねぎ、魚などをアルミホイルで包んで焚き火の中に放りこむホイル焼き。素材の味をシンプルに楽しめる。

Episode カブキャンプの制限を語る

積載重量など原付バイクゆえの制限が多いのですが、逆にその制限を工夫してクリアにすることに楽しさを感じます。そもそも原付バイクで長旅をすること自体が大冒険ですからね。自動車や大型バイクの方々と同じルートを走り、同じ場所でテントを張り、同じ景色を見ても、課題や達成感がちょっとだけ大きいのがカブキャンプの楽しさだと思っています。

#カブキャンプに便利な自作ギア

イスの高さに
合わせたキッチン

ハイスタイルの高さに合わせる
ため、キッチンを自作。高さ
80cm、横80cm、奥行35cmほ
どで、ホームセンターで購入し
たキッチンラックや金具をベー
スに製作した。5か所の棚のほ
か、調理器具を吊るすハンガー
3か所などを設けた。パーツを
分解することで、カブへの積載
が可能に。

camping gear

プランターで作った
収納ボックス

ガーデニング用のプランターをベースに
作った収納ボックスを荷台に取りつけ、背
もたれや数多くのフックなどを装備。工夫
したのは、上部と後方に照明器具を取りつけ
られるソケット。カブとは別電源だが、カ
ブから電力を供給しているように見せている。

カブのレトロな
デザインに合わせて

ガスランタンと電池式のミニランプは、既
製品の木製オルゴールを解体したものを
ベースに、100 円ショップやホームセン
ターの小物と組み合わせたもの。カブのデ
ザインに合せてアンティーク調で統一。
パーツの購入には、リサイクルショップや
中国の通販サイトを利用する。

#総重量20kgの積載テク

荷物を分散して
積載できる装備

小さなバッグやラックに小分け
するのがコツ。収納スペースや
荷物をひっかけるフックを多数
設け、カラビナやワイヤーネッ
トで固定できるように装備。お
土産と持ち帰り用のゴミの収納
場所を確保しておき、そのス
ペースに収まるお土産を選ぶの
が案外楽しい。

持ち物リスト

テント、タープ、毛布、マット、ビニールシート、背も
たれ付きチェア、折りたたみテーブル、自作のキッチン
台、ハンガーラック、ガスコンロ、ガス、やかん、フラ
イパン、鍋、フォンデュセット、まな板、皿（4枚ほど）、
調理用トング、ナイフ、はさみ、フォーク、スプーン、
はし、お玉、コーヒー豆、焙煎器、コーヒーミル、ポット、
ドリッパー、コーヒーカップ、コップ、紅茶、スパイスラッ
クと調味料（6種類ほど）、携帯スープ、アルミホイル、
ラップ、キッチンペーパー、洗剤、スポンジ、たわし、
ゴミ箱、ゴミ袋、水タンク、水筒、タオル、焚き火台、
焚き火用トング、薪ラック、火吹き棒、斧、トンカチ、本、
ハンガー、ガスヒーター、湯たんぽ、着替え、お風呂セッ
ト、医療キット、雨具、一眼レフカメラ、三脚、懐中電灯、
家庭用コンセント付きバッテリー、電球、モバイルバッ
テリー、ろうそく、キャンドル、自作のガスランタン、
照明器具（なるべく多く）

野村さんの
密にならないカブカフェのススメ

キャンプより手軽な
「カブカフェ」とは？

近場の景色のいい場所へ行き、カブの荷台をテーブルに見立てて、ちょっとしたティータイムをすることを「カブカフェ」と称して楽しんでいる野村さん。カブを停められる場所さえあれば基本的にどこでもできる。カブのかわいらしさも引き立ち、あこがれのカフェスペースに。

メリット1
喫茶店や車内よりも解放感があり、コロナ禍の密も避けられる。

メリット2
キャンプ場やバーベキュー場にはない多種多様な風景を楽しめる。

メリット3
メニューやテーブルのレイアウトが毎回アレンジできて飽きない。

131

キャンプから山暮らしへ。
自然に寄りそう
理想の生活

SOLO CAMP [15] アウトドア女子ヒミカ さん

石垣島出身の自然をこよなく愛するソロキャンパー。2019年より山暮らしをはじめる。スウェーデンの国民的アウトドアブランド「フェールラーベン」公式アンバサダー。

DATA

キャンプ歴：4年

メインキャンプ地：関東近郊

移動手段：自動車、自転車（グラベルバイク）

頻度：月1〜3回

活動まとめ：https://linktr.ee/h2mteam

キャンプスタイル

基本はブッシュクラフト。キャンプとともに登山や自転車ツーリングを楽しむために、ミニマムなパッキングかつ、荷物をできるだけ軽くしたUL（ウルトラライト）スタイルをポリシーとする。

ソロキャンプをはじめたきっかけ

石垣島から夢を追いかけて上京。思い通りにいかず落ちこんでいた時に、知人の誘いでキャンプを初体験。故郷を思い出すような自然環境に心が動かされ、一人でもフィールドへ向かうように。

#自然と焚き火のマッチング

焚き火を中心に
サイト設営

1日中焚き火を楽しむというヒミカ
さんのサイトは、焚き火を中心にレ
イアウトされている。できる限り自
然を楽しめるよう、景色を遮断する
ものがない場所を選んで設営。

自然に囲まれて
焚き火に集中

設営が終わったら、帰るまでひたすら
焚き火を眺めて過ごす。「飽きること
なく眺め続けられるのは、揺らぐ炎に
心を奪われるからかもしれません」。

ヒミカごはんの定番、
ペンネ・ボロネーゼ

キャンプ飯だったはずが、自宅でも定
番メニューと化すほど溺愛。「食材が
少ないのにおいしくて満足感が得られ
るので、手軽な食事というとインスタ
ント食品を差し置いて真っ先に思い浮
かびます」。

シェラカップで合いびき肉を炒めたら、トマトソース
を入れて煮る。別のクッカーに水と塩を少々入れ、沸
騰させたらペンネを入れてゆでる。ゆで上がったペン
ネに、シェラカップで作ったソースをかけてバジルを
のせたら完成。

材料は合いびき肉約100g、トマトソース150g、
ペンネ100～150g、バジル数枚。

＃スタッキングでミニマム化

ピッタリと収納された調理道具たち

自慢のスタッキングセットは、1年ほど試行錯誤を重ね、スノーピークのソロセット『焚』をベースにした今の形に。これを基本にすれば、食事のメニューに悩まされなくてすむのだとか。

スタッキングセットの内容

ソト『ウインドマスター』＋別売4本五徳、ソト『パワーガス105』、ベルモント『チタンシェラカップ深型250フォールドハンドル』、スノーピーク『ショートスクー』、EPI『アルミ皿（アルミ6点セット品）』

焚き火愛好家の必需品セット

大好きな焚き火用ギアは、レザー製バッグにひとまとめ。着火道具、グローブ、ナイフ、斧、ノコギリ、鍋を吊るす自在カギを収納している。中でもグレンスフォシュの斧は、焚き付け用、小径木用、中目木用と3種もそろえるほど愛用している。

ヒミカさんの
山暮らし計画

1 キャンプのために 引っ越しを決意

キャンプを楽しむようになってから、毎週のように片道1時間半以上かけてお気に入りのフィールドに通っていたというヒミカさん。移動時間が煩わしくなり、移住を決意したという。「せっかく移住するなら、大自然の中で暮らしかったんです」。

2 環境と囲炉裏にひと目惚れ

移住先は、山の中腹にある別荘。自然に囲まれた最高の立地だ。一室に設けられた囲炉裏にひと目惚れ。焚き火愛好家として見逃せなかった。オーナーと話したところ、売りに出してもなかなか買い手がつかなかったため、快く貸し出してくれた。そして現在、さらに奥深く山々に囲まれた立地のログハウスに移住予定。

3 自然は子どもにとって 学びの場

山暮らしをスタートしたあとに出産したヒミカさん。親子での山暮らしを経験し、「川や焚き火をジッと眺めている子どもの姿を見ると、想像力を働かせながら楽しんでいるんだなあと感じます」と話す。自然に触れることは、遊びでもあり学びでもあるのかもしれない。

ソロキャン晩酌事情

夜は、お酒を楽しむキャンパーさんも多いのでは？
みなさんに飲んでいるお酒や楽しみ方をお聞きしました。

石黒 匠 さん

日本酒を熱燗にして楽しんでいます。今のご時世では難しいですが、焚き火を囲みながら仲間とお酒を飲むのが好きです。

ハルピタ さん

乾杯は、キャンプの定番ビール『コロナ・エキストラ』。乾杯後はレモンサワーにシフトチェンジします。

kimuco さん

ふだんから夜は食後にコーヒーと甘いものを食べているので、キャンプでも食べたくなります。写真はデザート感も出したくてコーヒーゼリーを作り、そこにアイリッシュウイスキーとシロップ、生クリームをのせました。

のっち さん

お気に入りは『アサヒスーパードライ』。
設営&火起こしが終わったらひとまず飲み
ます。お肉を口に入れてうま味をかみ締め
てから、ビールで流しこむのが最高！　夏
はウォッカ、冬は焼酎が定番です。

ノリ さん

スタートはビールですが、ワインにシフトしま
す。理由は、単純にワインが好きなのと、翌日
に残らないところ。これはバイクを運転するの
で重要だと思います。

Ochan さん

キャンプ中はあまり飲みませんが、暑い夏に
はやっぱりビールを飲みたくなりますね。夕
食は肉や魚介類を焼くことが多いので、そん
な時はビールがよく合います。

かせまる さん

「カジカ」という魚を焼き干しにして、青竹の
筒で燗つけした清酒に浸して飲むカジカ酒が絶
品。寒い時季には、岩魚の塩焼きをつまみに熱々
のカジカ酒を飲むのが至福。

banken さん

ビール、日本酒、焼酎、ワインなど気分に応じて飲んでいますが、毎回持って行くのが『クリアアサヒ贅沢ゼロ』。糖質制限ダイエットをきっかけにハマっています。

falo さん

ビールかワインをよく飲みます。ビールは1年通して楽しみますが、ワインは夏に白、冬に赤を楽しんでいます。

Hitoc さん

もっぱら、『檸檬堂』というレモンサワーです。お酒が強くないので、元気な日は7％、気乗りしない日は3％と飲み分けています。

甚 さん

本格芋焼酎『黒霧島 MELT』は超お気に入り。樽貯蔵なんですよ。ほんのりと木の香りがする原酒を、森の中でいただくんです。

野村 岳 さん

下戸なのでお酒はほとんど飲めませんが、友達と行く時には、体を温めるためにしょうが入りのお酒をふるまってもらっています。

アウトドア女子ヒミカ さん

お酒はあまり飲まないので、炭酸水や自家製梅シロップソーダ、チャイなど飲むことが多いです。バーテンダーの経験があるので、飲むより作るほうが得意です（笑）。

みい さん

お酒はあまり飲めないのですが、飲む時は『ほろよい』や梅酒を少しいただきます。

ガルマ さん

ぼくはお酒がまったく飲めないので、キャンプ中はおいしいコーヒーをいれて飲むのが楽しみ。焚き火で沸かしたお湯でいれるドリップコーヒーは最高です！

キャンプ用語集

本書に出てきたキャンプ用語を集めました。

ウォータージャグ

飲んだり調理したりする時に使う水を貯めておくタンク。水くみの手間が省ける。

完ソロ

完全ソロの略。キャンプ場に、自分以外だれもいない状況のことを指す。

ギア

キャンプギア。キャンプ道具全般のこと。

ククサ

北欧の一部の地域に伝わる、白樺のコブをくり抜いて作られた木製のカップ。

クッカー

鍋やフライパンなどキャンプで使う調理器具。スタッキングしてコンパクトになるものもある。

グランピング

グラマラス（魅惑的な）＋キャンピングの造語。キャンプ道具を持って行ったりテントの設営や食事の準備などをしたりする必要がない、ぜいたくなキャンプ体験ができるレジャー。

グルキャン

グループキャンプの略。ソロキャンパーがそれぞれのテントを設営しつつ、集まってキャンプすることを「ソログループキャンプ（ソログル）」とよぶことも。

軍幕テント

軍で使われていたもので、バッグに入れて持ち運べるように開発されたテント。

コット

簡易ベッド。ベッド以外に、チェアや荷物置きなど様々な用途で使用できる。

コッヘル

鍋やフライパン、食器として使える便利な調理器具。スタッキングが可能。

五徳

脚がついた鉄製の器具で、焚き火などの上に設置して鍋やケトルを置く。

サイト

テントやタープを張って生活するエリアのことで、エリアを区切られた「区画サイト」と、フィールド内で自由に張れる「フリーサイト」がある。キャンプ場によって異なるため事前チェックが必要。

シェラカップ

金属製の広口カップ。器やコップとしてだけでなく、直火にかけることができるため、調理器具としても使うことができる。

シュラフ

寝袋。

スタッキング

食器を積み重ねて収納すること。キャンプではクッカーと合わせてスタッキングすることも。

設営

テントやタープを立てたり、生活スペースを整えたりすること。

タープ

日差しや雨を防ぐ屋根の役割をする幕。四方を囲ったスクリーンタイプのものもある。

焚き火台

焚き火をするための台。台の上に薪や炭をのせて燃やす。ほとんどのキャンプ場が直火禁止のため、焚き火をするならマスト。

ダッチオーブン

分厚い金属製のフタつき鍋。煮る、焼く、蒸すなどの調理が可能。フタに炭火をのせて熱を加えられるので、全体に熱を加えたりオーブンのように調理したりできる。

デイキャンプ

日中に行う宿泊をしないキャンプ。

撤収

サイト内を片づけること。

テント

折りたためるポールと幕で作る住居。寝室として使用することが多い。ドーム状のドームテントや三角形が特徴的なティピーテントなどがある。寝室とリビングがある2ルームタイプのものもある。

トライポッド

ダッチオーブンなどを吊るす三脚。焚き火の上に設置して、湯を沸かしたり調理したりできる。

バーナー

ガソリンやガスなどが入った燃料ボトルを装着するコンロ。一口タイプの「シングルバーナー」と、二口タイプの「ツーバーナー」がある。

ハイスタイル

高さのあるテーブルやイスで構成されたスタイル。座面が高いので、立ったり座ったりするのが楽。ただし高さの分、荷物が多くなる。

バックパック

キャンプや登山の道具を収納する大型のリュックサック。

ファミキャン

ファミリーキャンプの略。家族で楽しむキャンプのこと。

ブッシュクラフト

自然のものを使って、シェルターや道具など生活に必要なものを自作するキャンプスタイル。

ペグ

テントやタープを張るロープを固定する杭。さまざまな素材や形状のものがある。

メスティン

アルミ製の飯ごう。炊飯のほか、煮る、焼くなどのさまざまな調理ができるクッカーの一つ。

ランタン

携帯用の照明器具。ガスや灯油などを燃料とするタイプや、電池式のLEDタイプがある。

ロースタイル

低いテーブルやイスで構成されたスタイル。足を伸ばすなどくつろぎやすい一方で、調理や食事がしづらいという点も。

ロープワーク

ロープの結び方や扱い方の総称。テントを張る時やハンモックを木にくくりつける時など、キャンプをするなら覚えておきたいテクニック。

STAFF

デザイン・DTP —— 株式会社カヴァーチ（大谷孝久）

イラスト ———— 村山宇希

執筆協力 ———— 後藤あや子

編集協力 ———— 株式会社スリーシーズン（大友美雪）

気になる隣のソロキャンプ

2021年4月25日　第1刷発行

発行人　近藤和弘

発行所　東京書店株式会社

　　　　〒113-0034　東京都文京区湯島 3-12-1　ADEX BLDG. 2F

　　　　TEL 03-5212-4100　FAX 03-5212-4102

　　　　http://www.tokyoshoten.net

印刷・製本　株式会社シナノ

©Tokyoshoten 2021 Printed in Japan

ISBN978-4-88574-590-4　C2076

＊本書の無断での複写（コピー）、上演、放送等の二次利用、翻案等は、著作権法上での例外を除き、禁じられています。

＊本書の電子データ化等の無断複製は著作権法上での例外を除き禁じられています。

　代行業者等の第三者による本書の電子的複製も認められておりません。